# Spontan 1 neu



Sous la direction de
Nathalie Faure-Paschal
IA-IPR, Académie de Créteil

Marianne Hoock-Douilly
Professeur agrégé
Collège-Lycée Franco-Allemand, Buc

Caroline Rakotondravao
Professeur certifié
Collège Sonia Delaunay, Paris

Aline Wegener
Professeur certifié
Institut Notre Dame, Meudon

didier

# Mein(e) Freund(in) aus Freiburg!

Nous te proposons de choisir, un des six élèves de *Freiburg* que tu suivras plus particulièrement au cours de cette année scolaire. Tu pourras reporter sur ta fiche *Etappe* par *Etappe* les informations que tu obtiens.

## Etappe 1 Steckbrief

Name, Alter, Klasse, Wohnort

Er/Sie heißt ..........

..........

..........

..........

## Etappe 2 Hobbys

Was macht … ? Sport, Musik… ? Wann? Hast du noch andere Infos?

..........

..........

..........

..........

## Etappe 3 Lieblingsspeisen und -getränke

Was isst / trinkt … gern?

..........

..........

..........

..........

## Etappe 4 Tiere

Hat ... ein Haustier? Welches?

.......................................................................................................................

.......................................................................................................................

.......................................................................................................................

.......................................................................................................................

## Etappe 5 Familie

Infos über die Familie: Eltern, Geschwister und was ... mit ihnen macht

.......................................................................................................................

.......................................................................................................................

.......................................................................................................................

Infos über die Aktivitäten am Wochenende.

.......................................................................................................................

.......................................................................................................................

.......................................................................................................................

## Etappe 6 Freunde

Wer ist der Freund/die Freundin von ... ?
Was machen sie? Was mögen sie am Freund/der Freundin?

.......................................................................................................................

.......................................................................................................................

Infos über das Geburtstagsfest?

.......................................................................................................................

.......................................................................................................................

## Etappe 7 Haus & Wohnung

Wo und wie wohnt … ?

............................................................

............................................................

............................................................

## Etappe 8 Schule

Lieblingsfächer und andere: Was sagt … über die Schule?

............................................................

............................................................

............................................................

## Etappe 9 Die Stadt

Was mag … an Freiburg?

............................................................

............................................................

............................................................

Bilanz: Fasse nun alle Informationen zusammen und stelle … vor!
Schreib einen kleinen Text über ihn/sie oder bereite eine kleine Präsentation vor!

............................................................

............................................................

............................................................

............................................................

............................................................

............................................................

# Etappe 1

**Ich sage dir... wer ich bin.**

## Mit dem Buch

### Bei Freunden ▸ Buch, S. 8-9

## 1 Das ist die 7b!

**Schritt 1 Lies die Namen der Lehrer im Klassenbuch und sieh dir das Video an. Wie heißt die Lehrerin? Kreuze an.**

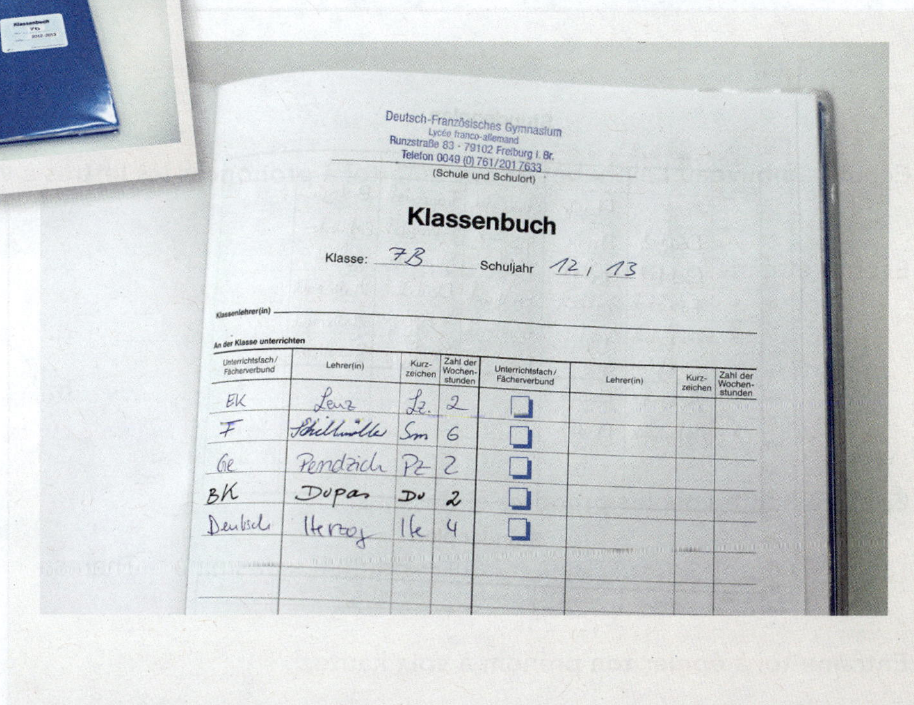


**Schritt 2 Wie grüßen die Schüler die Lehrerin? Kreuze an!**

a. Guten Abend, Frau Pendzich! ☐

b. Guten Tag, Frau Pendzich! ☐

c. Hallo, Frau Pendzich! ☐

d. Guten Morgen, Frau Pendzich! ☐

e. Hi, Frau Pendzich! ☐

## Autonom

Track 1

**1. Écoute l'alphabet et entoure les lettres qui se prononcent différemment du français.**

a b c d e f g h i j
k l m n o p q r s t
u v w x y z

**2. Écoute à nouveau l'alphabet et entraîne-toi à prononcer les lettres à voix haute.**

Track 2

**3. Écoute et écris les prénoms que tu entends.**

a. .................................. b. .................................. c. .................................. d. ..................................

e. .................................. f. .................................. g. .................................. h. ..................................

**4. Épelle à haute voix les prénoms ci-dessous.**

Sarah – Max – Stefan – Verena – Paul – Hannah – Jasmina – Theresa

**5. Entraîne-toi à épeler ton prénom à voix haute.**

**6. Coche les expressions que tu reconnais.**

❑ Guten Abend! ❑ Tschüss! ❑ Gute Nacht! ❑ Auf Wiedersehen!

❑ Guten Tag! ❑ Hallo! ❑ Guten Morgen! ❑ Hi!

## 2 Hallo!

Schritt 2 **Sieh dir das Video an.**

**Wer ist wer? Ordne die Etiketten zu.**

(A) (B) (C) (D) (E) (F)

| Name | Alter | Wohnort | Klasse |
|---|---|---|---|
| Noemi ◯ | 12 | Kirchzarten | 7b |
| Sofian ◯ | 13 | Freiburg | 7b |
| Christian ◯ | 13 | Freiburg, am Hauptbahnhof | 7b |
| Nicole ◯ | 12 | Freiburg-Stühlinger | 7b |
| Nelson ◯ | 12 | Freiburg | 7b |
| Violette ◯ | 11 | Freiburg | 7b |

## Und jetzt…

| | |
|---|---|
| Name/Vorname | Ich heiße .................................................. . |
| Alter | Ich bin .............................. Jahre alt. |
| Klasse | Ich gehe in die .................................................. . |
| Wohnort | Ich wohne in .................................................. . |

## Autonom

Track 3

**1. Écoute les prénoms des élèves de la 7b et marque la syllabe accentuée du signe ⁄.**

Sófian – Amelie – Noemi – Christian – Violette – Nelson – Tobias – Amanda – Sarah – Olga

**2. Écoute-les à nouveau et répète-les à voix haute.**

**3. Entraîne-toi à écrire le ß et l'expression ci-dessous.**

ß ß ß

ich heiße

Track 4

**4. Écoute l'enregistrement des nombres de 1 à 20 et entraîne-toi à les répéter à voix haute.**

**5. Lis ces nombres à voix haute.**

a. 12 | c. 13 | e. 16 | g. 3
b. 9 | d. 11 | f. 10 | h. 5

**6. Calcule et écris le résultat en toutes lettres.**

a. drei + vier = ....................
c. sieben + fünf = ...............
e. zwei + sechs = ................
b. acht + drei = ....................
d. eins + fünf = ....................
f. drei + zehn = ..................

**7. Relie chaque phrase au thème qui lui correspond.**

- Ich bin in der 7b. •
- Ich bin 12 Jahre alt. •
- Ich heiße Sofian. •
- Ich wohne in Freiburg. •
- Ich bin Noemi. •
- Ich gehe in die 7b. •

- • Name
- • Wohnort
- • Alter
- • Klasse

Track 5

**8. Écoute et note le prénom et l'âge de chacun. Écoute à nouveau et note la façon dont les personnes saluent.**

| Enregistrement | A | B | C |
| --- | --- | --- | --- |
| Gruß | ................................ | ................................ | ................................ |
| Name | ................................ | ................................ | ................................ |
| Alter | ................................ | ................................ | ................................ |

## Mit dem Buch

### Bei Freunden

▸ Buch, S. 10-11

## 3 Wir sind auch in der 7b!

Lies die E-Mails und markiere die Informationen. Notiere sie dann in der Tabelle, S. 10.

1

Hallo!
Ich bin Max und bin 12 Jahre alt. Ich wohne in Freiburg und gehe auf das Deutsch-Französische Gymnasium. Ich bin in der Klasse 7b. Und du? Wie heißt du? Bis bald!
Max

2

Hallo, wir heißen Amelia und Emma. Wir wohnen in Freiburg und gehen auf das Deutsch-Französische Gymnasium in die 7b.
Willkommen und „Bienvenue!" bei uns.

3

Hallo,
Ich heiße Olga. Ich bin 13 Jahre alt und wohne in Freiburg. Ich bin in der 7b am DFG. Ich bin im Theateratelier. Und du? Wie heißt du? Wo wohnst du? Wie alt bist du? … Ich habe so viele Fragen! Schreib mir schnell eine E-Mail!
LOL, Olga

4

Hallo!
Mein Name ist Tobias. Ich bin 13 Jahre alt. Ich gehe auf das DFG: das Deutsch-Französische Gymnasium. Das ist in Freiburg. Ich bin in der 7b mit Max und Nelson. Und du? Wie heißt deine Schule?
Tobias

5

Hi!
Ich heiße Sarah. Ich wohne in Freiburg. Ich gehe in Freiburg aufs Gymnasium und bin in der 7b. Wie heißt du? In welcher Klasse bist du?
Schreib schnell!
☺ aus Freiburg! Sarah

6

Hallo!
Ich heiße Amanda. Ich bin 13 Jahre alt. Ich gehe mit Olga und Emma auf das Deutsch-Französische Gymnasium in Freiburg. Wir sind in der Klasse 7b. Ich wohne in Freiburg. Und du, wo wohnst du?
Schöne Grüße aus Freiburg, Amanda

7

Hallo!
Ich bin Sophie. Ich bin 12 Jahre alt. Ich wohne in Kirchzarten und bin in der Klasse 7b. Ich bin im Theateratelier.
Tschüss!

| | Name | Alter | Wohnort | Andere Informationen |
|---|---|---|---|---|
| E-Mail Nr. 1 | Max | 12 | Freiburg | |
| E-Mail Nr. 2 | ........ | | ........ | |
| E-Mail Nr. 3 | ........ | ........ | ........ | ........ |
| E-Mail Nr. 4 | ........ | ........ | | |
| E-Mail Nr. 5 | ........ | | ........ | |
| E-Mail Nr. 6 | ........ | ........ | ........ | |
| E-Mail Nr. 7 | ........ | ........ | ........ | ........ |

## 4 Wir lernen uns kennen!

Schritt 1 **Lies die E-Mails ein zweites Mal. Notiere die Fragen.**

Name? ........................................................................

Alter? ........................................................................

Wohnort? ........................................................................

Klasse? ........................................................................

**Schritt 2** **Interviewe deinen Partner/deine Partnerin. Notiere die Antworten.**

Name: ..............................

Alter: ..............................

Klasse: ..............................

Wohnort: ..............................

## Autonom

**1. Écris un courriel dans lequel tu te présentes.**

..............................

..............................

..............................

**2. Relie chaque question à sa réponse.**

| | |
|---|---|
| In welcher Klasse bist du? • | • Ich bin 12. |
| Wie heißt du? • | • Ich gehe in die 7c. |
| Wo wohnst du? • | • Ich heiße Lukas. |
| Wie alt bist du? • | • Ich bin in der 7a. |
| In welche Klasse gehst du? • | • In Freiburg. |

Track 6

**3. Écoute l'enregistrement et réponds à chacune des questions posées par une phrase.**

a. ..............................

b. ..............................

c. ........................................................................................................................

d. ........................................................................................................................

**4. Réécris chacune des phrases ci-dessous en remplaçant le sujet par le pronom personnel qui convient.**

a. Tom ist 12 Jahre alt. ..............................................................................

b. Lukas wohnt in Freiburg. ..............................................................................

c. Mein Partner heißt Max. ..............................................................................

d. Nicole geht in die 7b. ..............................................................................

**5. Complète avec les verbes *heißen, wohnen, gehen* et *sein* à la forme qui convient.**

a. Hallo! Ich .................................... Noemi. Ich ................................ 12 Jahre alt.

Ich ............................... in die Klasse 7b. Ich .................................... in Kirchzarten.

b. Das ............................... Sofian. Sofian ............................... 13 Jahre alt.

Er .................................... in Freiburg.

c. Und du? Wie .................................... du? Wie alt .................................... du?

In welche Klasse .................................... du? Wo .................................... du?

## Mit dem Buch

### Unterwegs ▸ Buch, S. 12-13

## 1 Das DFG stellt sich vor.

Schritt 1 **Sieh dir die Bilder an und lies die Texte. Notiere die Informationen über das DFG.**

Schritt 2 **Sieh dir nun die Interviews mit dem Schulpersonal an. Wer stellt sich vor? Notiere die neuen Informationen?**

Schüler: ................................................ Lehrer: ................................................

Klassen: ..................................................................................................

..................................................................................................

..................................................................................................

Schulpersonal (Berufe*): ........................ ........................

........................ ........................

* der Beruf: *le métier*

Name: Wedel

Vorname: M_ _ _ _ _

Name: Fesenbeckh

Vorname: Günther

Name: Schillmöller

Vorname: M_ _ _ _ _ _

Name: Sailer

Vorname: R_ _ _

Name: Brümmerstedt

Vorname: N_ _ _ _ _ _

## Und jetzt...

**Präsentiere deine Schule (Name, Schüler, Lehrer, Klassen, Schulleiter...).**

**Aides**

Meine Schule heißt...

Es gibt... { Schüler / Klassen / Lehrer }

Der Schulleiter/die Schulleiterin heißt

Mein Klassenlehrer ist...

Meine Schule

.................................................................................................

.................................................................................................

.................................................................................................

.................................................................................................

.................................................................................................

.................................................................................................

.................................................................................................

.................................................................................................

.................................................................................................

.................................................................................................

.................................................................................................

.................................................................................................

.................................................................................................

.................................................................................................

## Autonom

**1. Classe les noms ci-dessous dans la colonne qui correspond à leur genre.**

die Schule – das Alter – der Klassenlehrer – die Schülerin – der Wohnort – der Name – der Vorname – das Gymnasium – der Schulleiter – die Sekretärin – die Klasse – der Hausmeister – der Schüler – die Lehrerin

| Masculin | Neutre | Féminin |
|---|---|---|
| ........................ | ........................ | ........................ |
| ........................ | ........................ | ........................ |
| ........................ | | ........................ |
| ........................ | | ........................ |
| ........................ | | ........................ |
| ........................ | | |
| ........................ | | |

Regroupe ensuite ces noms selon leur sens :

Identität:

........................................................................................................................

........................................................................................................................

Schule:

........................................................................................................................

........................................................................................................................

........................................................................................................................

........................................................................................................................

## Sprechprobe

Track 7

**a. Écoute les prénoms et les mots suivants et entraîne-toi à les prononcer.**

Sophie – Sofian – Sarah – Christian – Nelson
ich – du
heißen – heiße – heißt

**b. Écoute la question et sa réponse et entraîne-toi à les dire.**

| | | | |
|---|---|---|---|
| Wie heißt du? | ❑ ↗ | ❑ → | ❑ ↘ |
| Ich heiße Sophie. | ❑ ↗ | ❑ → | ❑ ↘ |

## Grammatik

**1. Complète les phrases avec la forme verbale qui convient.**

Hallo! Ich .......................... Amanda. Ich .......................... 13 Jahre alt.

Ich .................................... in Freiburg. Ich .................................... in die 7b.

Das ist Max. Er .......................... 12 Jahre alt und .................................... in Freiburg.

Er .................................... auf das Deutsch-Französische Gymnasium in die 7b.

**2. Ajoute le pronom personnel qui convient.**

a. Noemi ist 12 Jahre alt. ...................... wohnt in Freiburg.

b. Sofian wohnt auch in Freiburg. ...................... geht in die 7b.

c. Das ist Olga. ...................... ist 13 Jahre alt.

**3. Écris les questions qui correspondent aux réponses ci-dessous.**

a. – ..........................................................................................................

– Leonie.

b. – ..........................................................................................................

– In Freiburg.

c. – ..........................................................................................................

– 12.

d. – ..........................................................................................................

– In die 7b.

## Wortschatz

**1. Retrouve les mots formés à partir de « *Schul-/Schül-* » et écris-les en face de la traduction qui convient.**

der
die

Schul- / Schül-

-e
-er / -in
-leiter / -in

l'école : ..........................................................

l'élève (fille) : ..................................................

l'élève (garçon) : ..............................................

le directeur d'école : .........................................

la directrice d'école : ........................................

# Etappe 2
## Ich sage dir... was ich mache.

**Mit dem Buch**

### Bei Freunden ▸ Buch, S. 22

## 1 Ist dein Hobby dabei?

**Sieh dir die Bilder an. Lies die Ausdrücke im Buch. Schreib zu jedem Bild den passenden Ausdruck.**

................................ ................................ ................................ ................................

................................ ................................ ................................ ................................

## Und jetzt...

**Und du, was machst du? Antworte und frage deinen Partner/deine Partnerin.**

**Fragen**

Was machst du?
Was ist dein Hobby?

**Antworten**

Mein Hobby ist ... . /
Meine Hobbys sind ... .
Ich spiele ... . / Ich mache... .
Ich schwimme. / Ich reite.
...

Mein Hobby ist ............................................................ .

Meine Hobbys sind ............................................................ .

Das Hobby von meinem Partner/meiner Partnerin ist ............................................ .

Die Hobbys von meinem Partner/meiner Partnerin sind ......................................... .

## Autonom

**1. Attention à la place des mots ! Observe les groupes verbaux allemands et français ci-dessous et souligne le verbe à l'infinitif.**

| | | |
|---|---|---|
| am Computer spielen<br>*jouer à l'ordinateur* | Tennis spielen<br>*jouer au tennis* | Leichtathletik machen<br>*faire de l'athlétisme* |

Que remarques-tu ? ............................................................

**2.** **Légende chaque illustration à la 3e personne.**

a

b

c

d

e

a. ……………………………… b. ……………………………… c. ………………………………

d. ……………………………… e. ………………………………

**3.** **Quelles questions pourrais-tu poser à ton partenaire ? Que répondrait-il ?**

Exemple : *Volleyball spielen/Basketball spielen* — *Du: Spielst du Volleyball?* *Er: Nein, ich spiele Basketball!*

Ballett tanzen/Hiphop tanzen – Leichtathletik machen/Judo machen – Klavier spielen/Saxofon spielen – Tennis spielen/Tischtennis spielen

## Mit dem Buch

### Bei Freunden
▸ Buch, S. 23

## 2 Zeit für Hobbys?

**Schritt 2** **Sieh dir das Video an. Wer macht was? Wer ist A? Wer ist B? Wer ist C? Wer ist D?**

**Schritt 3** **Sieh dir das Video noch einmal an. Wann haben B und D ihre Aktivitäten?**

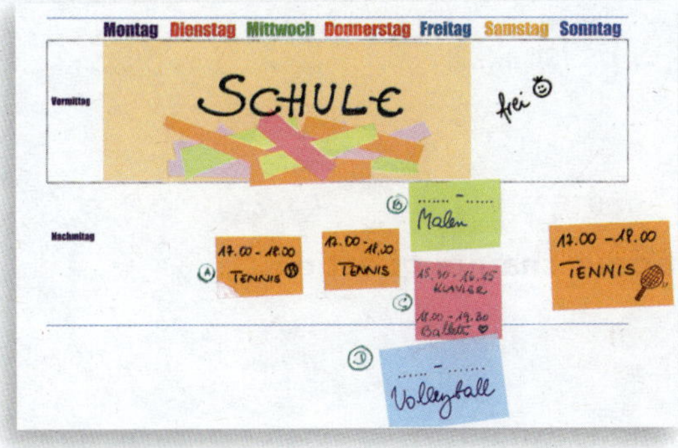


A ..........................................................................................

B ..........................................................................................

..........................................................................................

C ..........................................................................................

D ..........................................................................................

..........................................................................................

### Und jetzt…

**Was macht dein Partner, wann? Notiere die Informationen.**

| Mo | Di | Mi | Do | Fr | Sa | So |
|---|---|---|---|---|---|---|
| ............ | ............ | ............ | ............ | ............ | ............ | ............ |
| ............ | ............ | ............ | ............ | ............ | ............ | ............ |
| ............ | ............ | ............ | ............ | ............ | ............ | ............ |

### Bilanz

Mein Partner/Meine Partnerin ..........................................................................................

..........................................................................................

..........................................................................................

..........................................................................................

## Autonom

**1. Indique l'heure pour chaque pendule.**

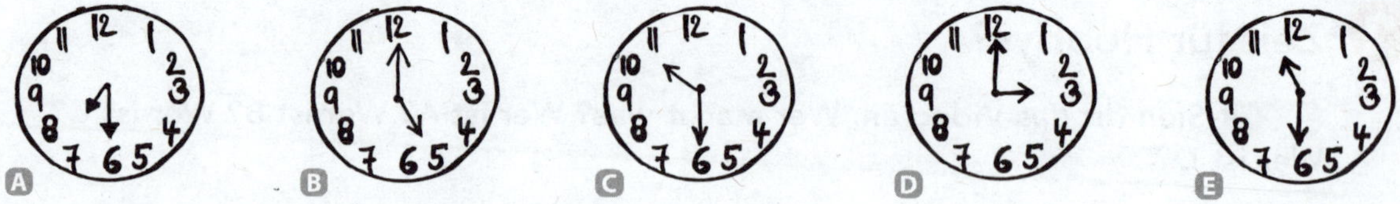


a. Es ist ..................................................................

b. Es ist ..................................................................

c. Es ist ..................................................................

d. Es ist ..................................................................

e. Es ist ..................................................................

Track 1

**2. Écoute et entoure la réponse qui convient pour chaque question.**

a. In Freiburg. – Geige spielen. – Um 16 Uhr.

b. Ich heiße Tom. – Ich bin 12. – Nein, ich spiele Badminton.

c. Ja, gern. – Ich schwimme gut. – Am Mittwoch.

d. Um halb fünf. – Am Montag. – 14 Jahre alt.

**3. Forme une phrase cohérente à l'aide des éléments ci-dessous.**
**Attention à la place du verbe conjugué !**

| | | | |
|---|---|---|---|
| am Montag<br>am Dienstag um halb drei<br>mittwochs und samstags<br>am Freitag | spiele/mache<br>spielt/spielen<br>macht/machen | ich<br>er, sie<br>die Mädchen<br>die Jungen<br>Nicole, Sofian,<br>Violette… | Volleyball<br>Tennis<br>Geige<br>Leichtathletik<br>Klavier |

a. ..................................................................

b. ..................................................................

c. ..................................................................

d. ..................................................................

Mit dem Buch

## Bei Freunden ▸ Buch, S. 24

## 3 Hobbys: Was, wann, wo und wie oft?

**Schritt 1** **Du liest die Texte A und B oder die Texte C und D. Notiere die Informationen: Was macht der Schüler/die Schülerin? Wann? Seit wann?**

**TIPP** D'abord, tu notes les informations trouvées dans les textes que tu lis.
Ensuite, tu prends des notes quand ton partenaire te présente ses informations.

**Partnerarbeit**

Mein Partner

...................................................................................

Meine Aufgabe

...................................................................................

Seine/Ihre Aufgabe

...................................................................................

**Lennarts Hobbys**

**Sport**

............................................. → **Wann?** .............................................

→ **Wo?** .............................................

............................................. → **Seit wann?** .............................................

→ **Wann?** .............................................

**Musik**

............................................. → **Wann?** .............................................

............................................. → **Wann?** .............................................

## Hannahs Hobbys

**Musik**

.................................................. → Seit wann? ..................................

→ Wann? (üben) ..................................

→ Wann? (Unterricht) ..................................

→ Wo? ..................................

.................................................. → Seit wann? ..................................

→ Wo? ..................................

**Sport**

.................................................. → Wann? ..................................

→ Wo? ..................................

## Irenas Hobbys

**Sport**

.................................................. → Wann? ..................................

→ Wo? Im Sommer ..................................

Im Winter ..................................

.................................................. → Wann? ..................................

→ Wie lange? ..................................

**Andere Aktivitäten**

..................................................

## Jans Hobbys

**Sport**

.................................................. → Wann? ..................................

..................................

**Andere Aktivitäten** → Wann? ..................................

.................................................. → Wo? ..................................

## Bilanz

Welche Hobbys teilen Lennart, Hannah, Irena und Jan? Fasse die Informationen zusammen. (Sport / Musik machen – sportlich / musikalisch sein – zweimal in der Woche trainieren – die gleichen Hobbys haben…)

.......................................................................................................................

.......................................................................................................................

.......................................................................................................................

.......................................................................................................................

.......................................................................................................................

**Mit dem Buch**

**Bei Freunden** ▸ Buch, S. 25

## 4 Machen sie das schon lange?

**Sieh dir das Video noch einmal an. Seit wann machen Noemi, Nicole und Violette ihre Aktivitäten?**

Noemi .......................................................................................................

Nicole .......................................................................................................

Violette .......................................................................................................

## Und jetzt…

**Welche Aktivitäten hast du? Seit Wann? Wann machst du sie? Wo?**

**Meine Hobbys**

Sport, Musik oder andere Aktivitäten

– .................................... seit .......... Jahren → Wann? ........................................

– .................................... seit .......... Jahren ........................................

– .................................... seit .......... Jahren → Wo? ........................................

– .................................... seit .......... Jahren → Wann? ........................................

– .................................... seit .......... Jahren ........................................

– .................................... seit .......... Jahren → Wo? ........................................

Schreib jetzt einen Text über deine Aktivitäten.

..........................................................................................................................................

..........................................................................................................................................

..........................................................................................................................................

..........................................................................................................................................

**Autonom**

Track 2

**1. Écoute bien et ajoute la voyelle « *a* » ou « *ä* ».**

**a.** H ....... hn **c.** w ....... re **e.** Aktivit ....... t **g.** B ....... ll **i.** W ....... gen

**b.** f ....... hren **d.** M ....... dchen **f.** Freib ....... d **h.** B ....... lle **j.** erz ....... hlen

**2.** **Que font les jeunes ? Légende les dessins.**

## Bilanz

**Tu dois récapituler les informations sur les activités des jeunes de *Freiburg*. Prends des notes.**
Wer ist musikalisch? Wer ist sportlich? Seit wann machen sie ihre Aktivitäten? Wie oft trainieren oder üben sie?

## Mit dem Buch

**Unterwegs** ▸ Buch, S. 26-27

# 2 Was können sie machen?

**Schritt 1 Lies die Angebote* und notiere die Informationen: Was kann man im Jugendhaus machen? Wann und wo?**

* das Angebot: *l'offre*

| Computerraum | Kunstraum | Kleiner Saal |
|---|---|---|
| ........................ | ........................ | ........................ |
| ........................ | ........................ | ........................ |
| ........................ | ........................ | ........................ |

| Großer Saal | Proberaum |
|---|---|
| ........................ | ........................ |
| ........................ | ........................ |
| ........................ | ........................ |

**Schritt 2 Fünf Schüler aus Freiburg suchen eine Aktivität. Lies die Profile. Was kann er oder sie machen? Und wann?**

**Partnerarbeit**

Mein Partner:

........................

| | Hobbys | Wann? |
|---|---|---|
| Stella | ........................ | ........................ |
| Robin | ........................ | ........................ |
| Janka | ........................ | ........................ |
| Philip | ........................ | ........................ |
| Nils | ........................ | ........................ |

# 3 Von A wie Akrobatik bis Z wie Zirkus

**Sieh dir das Video an und notiere die Informationen:**
**– Welche Aktivitäten kennst du schon? Notiere sie.**

..............................................................................................................................

..............................................................................................................................

..............................................................................................................................

**– Sieh dir die Etiketten an. Nummeriere dann die neuen Aktivitäten.**

◯ Gymnastik ◯ Skateboard fahren ◯ Akrobatik ◯ Steptanz

◯ Zirkus ◯ Fingerboard machen ◯ Breakdance

**– Lies den Text. Einige Wörter fehlen. Ist es ein Verb, ein Substantiv? Mach Hypothesen.**

| | |
|---|---|
|  | Hier kann man ............................................... . |
|  | Hier sehen wir eine .................................. im Bandproberaum. Hier können Bands für sich proben, oder mit einem ................................... . |
|  | Hier sind junge ................................ am Üben. |
|  | Hier übt der ................................ ! Zweimal im Jahr machen die Jugendlichen Zirkus. Dann zeigen sie Akrobatik, Gymnastik, Steptanz. |

| | |
|---|---|
|  | Zum Schluss gehen wir noch zum ................................... . Hier haben wir einen Platz für Skater. |
|  | Bei schlechtem Wetter gehen wir ins Gebäude und machen ................................... ! |

## Und jetzt…

Was interessiert dich? Suche ein Angebot für dein Profil.

Dein Profil? Ich bin ............................................... . Ich mag ............................................................. .

Was interessiert dich? Das Angebot „ ................................................................. “ interessiert mich.

## Autonom

**1. Complète avec les verbes qui conviennent.**

fahren (x 2) – machen (x 2) – tanzen (x 2) – gehen (x 2) – spielen (x 2)

**a.** am Computer ................................................ – **b.** Judo ............................................................

**c.** Ballett ............................................... – **d.** Tischtennis ...............................................................

**e.** Leichtathletik ......................................... – **f.** in die Bibliothek ..................................................

**g.** Rad ............................................ – **h.** auf moderne Musik ..................................................

**i.** Skateboard ............................................ – **j.** zum Skateplatz ..................................................

**2.** **Que fait Lukas pendant ses loisirs ? Quel est son profil ?**

| Mo | Di | Mi | Do | Fr | Sa | So |
|---|---|---|---|---|---|---|
| 7-18.00 schwimmen | Judo | Fußball (im Verein) | Leicht-athletik | | (mit Tom und Sven) Fußball | Radfahren |

..............................................................................................................

**Autonom**

## Sprechprobe

Track 3

**1. a. Écoute les mots suivants et entraîne-toi à les prononcer.**

die Woche
Mittwoch – die Mitte der Woche
der Tag – Sonntag – Montag
Dienstag – Donnerstag – Freitag – Samstag

**b. Écoute les phrases suivantes et répète-les.**

Am Sonntag scheint die Sonne.
Am Donnerstag, da donnert's!
Am Freitag ist frei.
Am Samstag kommt das Sams.

Track 4

**2. Écoute et souligne la syllabe accentuée, puis répète ce que tu as entendu, en accentuant bien les syllabes soulignées.**

die Woche
Mittwoch – die Mitte der Woche
der Tag – Sonntag – Montag – Dienstag – Donnerstag – Freitag – Samstag

Track 5

**3. Écoute et souligne les syllabes accentuées, puis répète les phrases entendues.**

Am Sonntag scheint die Sonne.
Am Donnerstag, da donnert's.
Am Freitag ist frei.
Am Samstag kommt das Sams.

## Grammatik

**1. Forme des phrases à l'aide des éléments ci-dessous. N'oublie pas de conjuguer les verbes à la personne indiquée.**

a. samstags von 3 bis 5 Fußball spielen – er

..........................................................................................................

b. zweimal in der Woche trainieren – sie *(pluriel)*

..........................................................................................................

c. am Montag Tennis haben – wir

..........................................................................................................

d. jeden Tag Geige üben – sie *(sg)*

..........................................................................................................

e. am Freitag Volleyball spielen – ich

..........................................................................................................

**2. Complète avec les pronoms personnels qui conviennent.**

a. „Andreas und Tim, wann spielt ............ Tennis?"

„ ............ trainieren jeden Montag von sechs bis sieben."

b. „Tobias, wann hast ............ Fußballtraining?"

„ ............ trainiere montags und freitags."

c. „Max und Sven, wann spielt ............ im Orchester?"

„ ............ proben am Donnerstag von 5 bis 6.30".

**3. Quand pratiquent-ils leurs activités ? Ajoute les prépositions qui conviennent.**

**a.** ................ Montag sind Alex und Sandra im Jugendhaus.

**b.** Sebastian trainiert mittwochs ................ halb fünf ................ sechs.

**c.** ................ Freitag ................ zwei habe ich Judo.

**d.** ................ Samstag ................ vier tanzen die Mädchen Ballett.

**4. Complète avec la forme verbale qui convient.**

spielen – haben – tanzen – spielen

**a.** Mittwochs ........................... wir Sport. – **b.** Am Freitag ........................... ich Tennis. –

**c.** Wann ........................... du Musik? – **d.** Am Freitag ........................... Nicole Ballett.

**5. Remets de l'ordre dans les phrases.**

**a.** ich – Musik – höre – gern – am Abend – .

..........................................................................................................................................

**b.** am Freitag – spielt – Volleyball – Christian – .

..........................................................................................................................................

**c.** Max und Tobias – gern – Tischtennis – spielen – .

..........................................................................................................................................

**d.** machst – was – gern – du – ?

..........................................................................................................................................

**e.** spielen – am Wochenende – wir – gern – zusammen – .

..........................................................................................................................................

## Wortschatz

**1.** **Inscris dans les encadrés le nom des jours de la semaine qui manquent.**

| | | | |
|---|---|---|---|
| dimanche<br>...............<br>Sunday | lundi<br>Montag<br>............... | mardi<br>...............<br>Tuesday | |
| ...............<br>Mittwoch<br>Wednesday | jeudi<br>...............<br>Thursday | vendredi<br>Freitag<br>............... | ...............<br>...............<br>Saturday |

**2.** **« ei » ou « ie » ? Ajoute les lettres qui conviennent.**

**a.** dr ◯◯ – **b.** v ◯◯ r – **c.** h ◯◯ ßen – **d.** ◯◯ ns –
**e.** sp ◯◯ len – **f.** r ◯◯ ten – **g.** Fr ◯◯ tag – **h.** v ◯◯ rzig –
**i.** – Klav ◯◯ r – **j.** s ◯◯ ben – **k.** zw ◯◯ – **l.** G ◯◯ ge –
**m.** dr ◯◯ ßig – **n.** D ◯◯ nstag – **o.** train ◯◯ ren

**3.** ***ABC der Hobbys!*** **Complète la liste avec le vocabulaire des activités que tu as appris.**

A wie ..............................  G wie ..............................
B wie ..............................  H wie ..............................
C wie ..............................  I wie ..............................
D wie ..............................  J wie ..............................
E wie ..............................  K wie ..............................
F wie ..............................  L wie ..............................

M wie ..................................................

N wie ..................................................

O wie ..................................................

P wie ..................................................

Q wie ..................................................

R wie ..................................................

S wie ..................................................

T wie ..................................................

U wie ..................................................

V wie ..................................................

W wie ..................................................

X wie Xylophon spielen

Y wie Yoga

Z wie ..................................................

**4. Inscris le nom des activités représentées dans la grille de mots-croisés.**

1 2 3 4 5 6 7

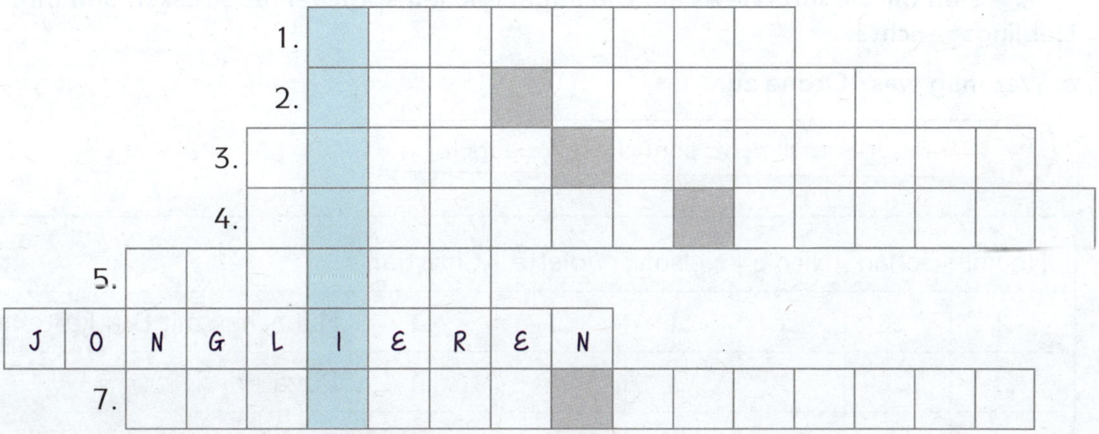


Quel mot vertical as-tu découvert ?

..................................................

Mit dem Buch

## Bei Freunden ▸ Buch, S. 36-37

## 1 Essen und Trinken

Ich trinke … . – Ich esse … . / gern – nicht gern / Lecker! – Igitt!

Was isst du und trinkst du gern?

............................................................

............................................................

## 2 Das essen wir gern!

Schritt 2 **Sieh dir die Interviews an. Die Jugendlichen sprechen über Essen und ihre Lieblingsgerichte.**

**a. Wer mag was? Ordne zu.**

**TIPP** Certains aliments sont cités plusieurs fois…

| Noemi | Sofian | Nicole | Nelson | Violette | Christian | |
|---|---|---|---|---|---|---|
| ❑ | ❑ | ❑ | ❑ | ❑ | ❑ | Hühnchen mit Bratkartoffeln |
| ❑ | ❑ | ❑ | ❑ | ❑ | ❑ | Pizza |
| ❑ | ❑ | ❑ | ❑ | ❑ | ❑ | Fleisch mit Paprikas |
| ❑ | ❑ | ❑ | ❑ | ❑ | ❑ | Lasagne |
| ❑ | ❑ | ❑ | ❑ | ❑ | ❑ | Käsespätzle |
| ❑ | ❑ | ❑ | ❑ | ❑ | ❑ | Eiscreme |
| ❑ | ❑ | ❑ | ❑ | ❑ | ❑ | Lakritzstangen |

| Noemi | Sofian | Nicole | Nelson | Violette | Christian | |
|---|---|---|---|---|---|---|
| ☐ | ☐ | ☐ | ☐ | ☐ | ☐ | gefüllte Zucchinis |
| ☐ | ☐ | ☐ | ☐ | ☐ | ☐ | Döner |
| ☐ | ☐ | ☐ | ☐ | ☐ | ☐ | Gemüse |
| ☐ | ☐ | ☐ | ☐ | ☐ | ☐ | Schokolade |
| ☐ | ☐ | ☐ | ☐ | ☐ | ☐ | Spaghetti |

**b.** **Schreib jetzt die Namen zu den Fotos.**

| Fotos | Namen |
|---|---|
| A | ..................... |
| B | Avocado |
| C | ..................... |
| D | ..................... |
| E | ..................... |
| F | ..................... |
| G | ..................... |
| H | ..................... |
| I | ..................... |

| Fotos | Namen |
|---|---|
| J | ..................... |
| K | ..................... |
| L | ..................... |
| M | ..................... |

## Autonom

### Bilanz

Noemi mag … . / isst gern … . – Sofian … .

............................................................................................................................

............................................................................................................................

............................................................................................................................

............................................................................................................................

............................................................................................................................

**1. Ajoute la forme conjuguée du verbe *essen* qui convient.**

a. ................ du gern gefüllte Paprika?

b. Ich ................ nicht gern Gemüse.

c. Anton und Paul, was ................ ihr gerne? Wir ................ gern Döner und Pizza.

d. Die Jugendlichen ................ gern Süßigkeiten.

e. Nicole ................ nicht gern Avocado.

**2. Boire ou manger ? Choisis le verbe qui convient et forme une phrase cohérente qui exprime tes goûts.**

Exemple : *Cola?* 🙂 *Cola trinke ich gern!* ☹ *Cola trinke ich nicht gern!*

Milch? ............................................................................................................

Kartoffelsalat? ............................................................................................................

Limonade? ............................................................................................................

Lasagne? ............................................................................................................

Fisch? ............................................................................................................

Spinat? ............................................................................................................

Track 1

**3. Écoute et repère si les phrases sont affirmatives ou négatives.**

| | 1 | 2 | 3 | 4 | 5 | 6 |
|---|---|---|---|---|---|---|
| ❤ | ☐ | ☐ | ☐ | ☐ | ☐ | ☐ |
| ✗ | ☐ | ☐ | ☐ | ☐ | ☐ | ☐ |

**4. Sucré ou salé ? Écris le nom de chaque aliment dessiné dans la colonne qui convient.**

*salzig*

der Reis ..............................................

..............................................

..............................................

..............................................

..............................................

..............................................

..............................................

*süß*

..............................................

..............................................

..............................................

..............................................

..............................................

Mit dem Buch

## Bei Freunden ▸ Buch, S. 38-39

### 3 Was gibt es heute in der Kantine?

Schritt 1 Sieh dir den Speiseplan an. Markiere mit einem grünen Marker die vegetarischen Gerichte, mit einem roten Marker die Fleischgerichte.

**Speiseplan**
(zu jedem Menü gibt es eine Suppe)

| Menü I | Menü II | Menü III Salatbox |
|---|---|---|
| Bratwurst mit Kartoffelpuree<br>Joghurt | Spaghetti mit Tomatensoße und Käse, Salat<br>Obstsalat | **Dressing zur Wahl:**<br>Französisches Vinaigrette-Dressing<br>Joghurtdressing<br>Kräuterdressing |
| Hühnchen mit Erbsen und Karotten<br>Obst | Pfannkuchen mit Spinat<br>Milchreis | |
| Schnitzel mit Pommes Frites und Salat<br>Schokopudding | Kartoffel-Gemüse-Gratin, Salat<br>Schokopudding | |
| Steak mit Brokkoli<br>Obst | Lasagne, Salat<br>Kirschkompott | |
| Fisch mit Zitronensauce, Zucchinigemüse und Reis<br>Eis | Käsespätzle, Salat<br>Joghurt | |

**Wie sind die Menüs: Welches ist vegetarisch? Welches ist mit Fleisch? Wie ist das dritte?**

Menü I ..........................................................................................

Menü II ..........................................................................................

Menü III ..........................................................................................

## 4 Essen im DFG

**Sieh dir die Reportage an und notiere die Informationen.**

Wann können die Schüler in die Kantine gehen?

Frühstück ab ............... Uhr    Mittagessen ab ............... Uhr

Was können sie essen?

..........................................................................................

Was ist das Lieblingsessen der Schüler?

..........................................................................................

## 5 So mögen wir die Kantine!

**Schritt 1 Lies die Kommentare der Schüler zur Kantine. Welche Kommentare sind positiv? Welche sind negativ? Welche Ideen haben sie?**

| Positiv | Negativ | Ideen |
|---|---|---|
| ........................ | ........................ | ........................ |
| ........................ | ........................ | ........................ |
| ........................ | ........................ | ........................ |
| ........................ | ........................ | ........................ |

**Schritt 2 Schreib einen Kommentar zu deiner Kantine. Was magst du? Was magst du nicht? Welche Ideen hast du?**

Ich esse gern …
Ich mag …
Ich finde, das Essen ist …
… schmeckt/schmecken lecker!

… schmeckt / schmecken gar nicht!
… esse ich nicht gern!
Ich mag …, aber ….

..........................................................................................

..........................................................................................

..........................................................................................

..........................................................................................

..........................................................................................

..........................................................................................

Warum nicht auch mal … ? ..........................................................

..........................................................

..........................................................

..........................................................................................

..........................................................................................

## Autonom

Track 2

**1. Écoute les questions et entoure la réponse qui convient.**

a. ab 10 Uhr – in der Kantine – Lasagne mit Tomatensoße

b. Schnitzel mit Pommes – Spinat – Kakao mit Milch

c. Nein, zu Hause – mit Pommes – zu Mittag

d. Obst und Gemüse – Cola – in der Schule

e. Vegetarisch – das Menü – Gelb

**2. Forme des phrases avec les éléments suivants. Conjugue le verbe et place-le correctement.**

a. gern Pommes essen / ich ..........................................................

b. gern Cola trinken / sie *(sing.)* ..........................................................

c. zu Mittag – in der Kantine essen / viele Jugendliche

..........................................................................................

d. am liebsten – den Schokokuchen von meiner Oma essen / ich

..........................................................................................

e. zum Frühstück – frische Brötchen essen / er

..........................................................................................

**3.** **Fruits ou légumes ? Écris le nom de chaque aliment dessiné dans le panier qui convient. Tu peux aussi en ajouter d'autres.**

## Mit dem Buch

**Unterwegs** ▸ Buch, S. 40-41

# 1 Tradition beim Einkaufen: der Markt...

**Schritt 1 Die Klasse wird in zwei Gruppen geteilt. Gruppe A liest die Informationen zum Münstermarkt. Gruppe B liest die Interviews.**

**Gruppenarbeit**

Meine Gruppe:

– ..................................................................

– ..................................................................

– ..................................................................

– ..................................................................

Unser Text:

– ..................................................................

**Gruppe A**

Wann ist der Markt?

..................................................................................

Wo?

..................................................................................

Was kann man kaufen?

..................................................................................

..................................................................................

**Gruppe B**

Was finden die Leute gut?

..................................................................................

..................................................................................

..................................................................................

..................................................................................

**Schritt 3 Sieh dir die Reportage an und notiere neue Informationen.**

Wann kann man auf den Markt gehen?

Von ............................ Uhr bis ............................ Uhr.

Welches Obst kann man kaufen?

Obst aus der .................................................................................................. .

Wie viele Stände gibt es?

Von Montag bis Samstag: ..............................................................................

Am Samstag: ..............................................................................................

Was kann man auf dem Markt machen?

Bummeln, ............................, nicht ............................, ............................,

nicht ............................

Der Markt ist einfach ............................!

## 2 Tradition beim Essen Spezialitäten

Schritt 2 **Lies jetzt die Texte. Welcher Text passt zu welchem Bild?**

**TIPP** Surligne avec un marqueur tous les mots que tu comprends et essaie de retrouver le sens des mots inconnus grâce au contexte. Si nécessaire, tu peux regarder dans le lexique en fin de manuel.

**Maultaschen** gibt es in Süddeutschland und natürlich auch in Freiburg. Was ist das? Maultaschen sind wie Ravioli. Eine Maultasche ist mit Spinat, Fleisch und Zwiebeln gefüllt. Man isst die Maultaschen in einer Suppe oder mit Käse überbacken. Sie sind sehr lecker!

Indizien: ..................................

..................................................

..................................................

Foto .............

**Schwarzwälder Kirschtorte:** In Deutschland lieben alle Menschen sie. Drei Biskuit-Böden, dazwischen geschlagene Sahne. Schokostreusel und natürlich Kirschen und Kirscharoma.

Indizien: ..................................

..................................................

..................................................

Foto .............

**Käsespätzle:** Traditionell macht man die Nudeln (die Spätzle) selbst. Man kann auch gekaufte Nudeln nehmen. Das ist aber nicht so gut! Man braucht Zwiebeln, Butter und Emmentaler Käse. Man mischt alles in der Pfanne. Dazu gibt es Salat!

Indizien: ..................................

..................................................

..................................................

Foto .............

## Autonom

Track 3

**1. Écoute et réponds aux questions.**

a. ..............................................................................
b. ..............................................................................
c. ..............................................................................
d. ..............................................................................
e. ..............................................................................
f. ..............................................................................

**2. Retrouve les mots composés que tu as découverts dans l'étape en associant un élément A et un élément B. Écris-les, puis complète avec l'article qui convient.**

| A | B |
| --- | --- |
| | ...gratin |
| Obst... (x 2) | ...wurst |
| Käse... | ...pudding |
| Tomaten... | ...spätzle |
| Pfann... | ...torte |
| Schoko... (x 2) | ...salat |
| Brat... (x 2) | ...kuchen (x 2) |
| Gemüse... | ...sauce |
| Kartoffel... (x 2) | ...puree |
| Kirsch... (x 2) | ...kompott |
| | ...kartoffeln |

**TIPP** Pour les articles, tu peux t'aider du dictionnaire en fin de manuel.

1. d.......... ..............................................................
2. d.......... ..............................................................
3. d.......... ..............................................................
4. d.......... ..............................................................
5. d.......... ..............................................................
6. d.......... ..............................................................

7. d.......... ..........................................................................

8. d.......... ..........................................................................

9. d.......... ..........................................................................

10. d.......... ..........................................................................

11. d.......... ..........................................................................

12. d.......... ..........................................................................

13. d.......... ..........................................................................

14. d.......... ..........................................................................

## Bilanz

**Écris un petit texte sur tes habitudes alimentaires.**
Was isst und trinkst du gern? Was ist dein Lieblingsessen? Was isst du zu zum Frühstück? Isst du zu Hause oder in der Kantine? Wie findest du das Essen zu Hause und wie findest du die Kantine? Hast du neue Ideen? Gehst du auch gern auf den Markt? Gibt es einen Markt in deiner Stadt? Welche Spezialitäten magst du?

..........................................................................................................................................................

..........................................................................................................................................................

..........................................................................................................................................................

..........................................................................................................................................................

..........................................................................................................................................................

..........................................................................................................................................................

..........................................................................................................................................................

..........................................................................................................................................................

## Sprechprobe

Track 4

**1. Écoute les mots suivants et entraîne-toi à les prononcer.**
esse – Suppe – diese – iss – fertig – ich – nicht

Track 5

**2. i long ou i bref ? Écoute et coche le son que tu entends.**

| son entendu | 1 | 2 | 3 | 4 | 5 | 6 |
|---|---|---|---|---|---|---|
| i long | ❑ | ❑ | ❑ | ❑ | ❑ | ❑ |
| i bref | ❑ | ❑ | ❑ | ❑ | ❑ | ❑ |

Track 6

**3. « ich » ou « isch » ? Écoute et coche le son que tu entends.**

| son entendu | 1 | 2 | 3 | 4 | 5 | 6 |
|---|---|---|---|---|---|---|
| ich | ❑ | ❑ | ❑ | ❑ | ❑ | ❑ |
| isch | ❑ | ❑ | ❑ | ❑ | ❑ | ❑ |

## Grammatik

**1. Complète avec la forme conjuguée du verbe *mögen* qui convient.**

a. Ich .................................... Spaghetti.

b. .................................... du auch Spaghetti?

c. Gemüse .................................... ich nicht!

d. .................................... ihr wirklich Spinat?

e. Jugendliche .................................... am liebsten Pizza.

**2.** **Complète avec la forme conjuguée du verbe *essen* qui convient.**

a. Montags und dienstags .................................... ich in der Kantine.

b. Sofian und Christian .................................... gern Schokolade.

c. .................................... du gern Fisch?

d. Am liebsten .................................... Violette Hühnchen mit Bratkartoffeln.

e. Was .................................... ihr zum Frühstück? Wir .................................... Brötchen mit Marmelade.

**3.** **« *ist* » ou « *isst* » ? Complète avec le verbe qui convient.**

Lisa .............................. zwölf Jahre alt. Sie .............................. in der 7b. Am Montag .............................. sie nicht in der Schule. Ihr Lieblingsessen .............................. Schnitzel mit Pommes. Sie .............................. auch gern Gemüse-Gratin und Lasagne.

## Wortschatz

**1.** **Chasse l'intrus !**

a. Püree – Bratkartoffeln – Bratwurst – Pommes

b. Käsespätzle – Zucchini – Spaghetti – Lasagne

c. Hähnchenragout – Milchreis – Schokopudding – Eiscreme

d. Lakritze – Tomatensoße – Bonbons – Schokolade

e. Hamburger – Donuts – Chicken nuggets – Reis

f. Schwarzwälder Kirschtorte – Maultasche – Döner – Käsespätzle

g. Orangensaft – Cola – Milch – Karotten

**2.** **Plat ou dessert ? Écris le nom de chaque aliment ou plat dans l'assiette qui convient. Tu peux aussi en ajouter d'autres.**

Mit dem Buch

Bei Freunden ▸ Buch, S. 56-57

## 1 Erkennst du sie?

**Sieh dir die Bilder an. Welche Tiere sind das? Schreib die Namen.**

1

..........................................

2
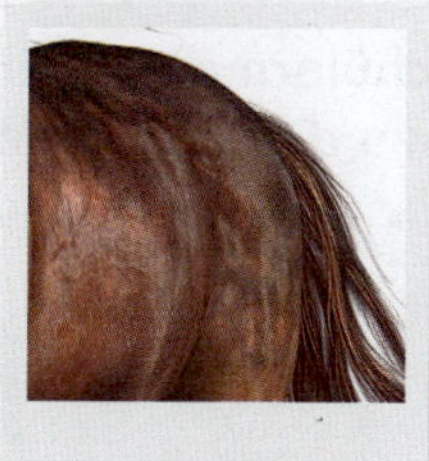
..........................................

3

..........................................

4

..........................................

5

..........................................

6

..........................................

7

..........................................

8
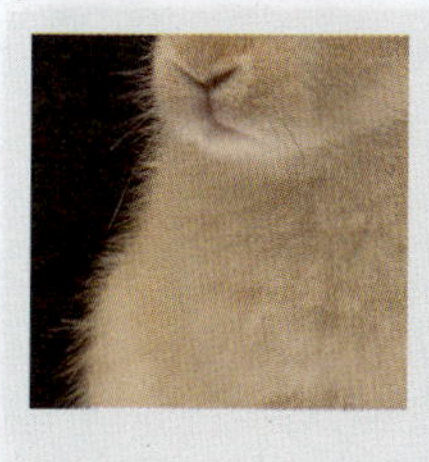
..........................................

9

..........................................

**Wie sind sie? Reagiere!**

süß – lieb
eklig – gefährlich

Magst du / Wie findest du … ?

O ja! ..............................

..............................

O nein! ..............................

## 2 Meine Katze, meine Fische

Schritt 1 **Sieh dir das Video mit den Schülern aus Freiburg an. Was erzählen die Jugendlichen über ihre Tiere? Ergänze die Steckbriefe.**

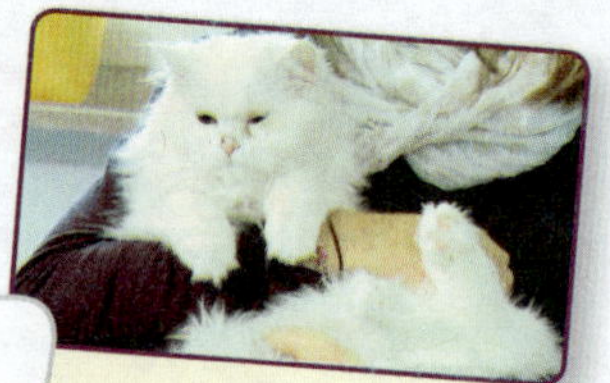

**Nicole**

Tier: ..............................

Name: ..............................

Alter: ..............................

Trinken: ..............................

Lieblingsaktivität:

..............................

**Noemi**

Tiere: ..............................

Name: ..............................

Ort: ..............................

Essen: ..............................

**Violette**

Tier: ..............................

Name: ..............................

Alter: ..............................

Lieblingsaktivitäten:

..............................

Was sie nicht mag:

..............................

## Autonom

Track 1

**1. Écoute et écris le pluriel de chaque mot en toutes lettres.**

der Hund → die ..........................................
der Fisch → die ..........................................
der Goldfisch → die ..........................................
der Vogel → die ..........................................
der Hamster → die ..........................................

das Tier → die ..........................................
das Pferd → die ..........................................
das Kaninchen → die ..........................................
..........................................

die Katze → die ..........................................
die Maus → die ..........................................
die Spinne → die ..........................................

Observe le pluriel des noms féminins se terminant par *-e*. Que remarques-tu ?

..........................................

**2. Écris en toutes lettres le pluriel des mots ci-dessous.**

der Papagei: ..........................................

der Affe: ..........................................

das Schaf: ..........................................

das Schwein: ........................................................

die Kuh: ...............................................................

der Esel: ..............................................................

**3. Complète avec l'article indéfini qui convient.**

a. Max hat ............................ Hamster.

b. Ich habe ............................ Hund.

c. Hast du ............................ Haustier?

d. Nicole und Violette haben ............................ Katze.

**4. Ajoute le pronom personnel qui convient.**

a. Violettes Katze ist 12 Jahre alt. ................. mag schlafen.

b. Noemis Fische heißen Moby Dick und Lilli. ................. leben im Garten, in einem Teich.

c. Mein Hamster ist süß. ................. heißt Pucki.

d. Johannas Pferd ist braun. ................. ist 10 Jahre alt.

# Mit dem Buch

## Bei Freunden ▸ Buch, S. 58-59

### 3 So sind sie!

**Lies einen der Texte (B, C, D oder E). Was schreiben die Jugendlichen über ihre Tiere? Markiere die Informationen wie im Buch für den Text von Anna.**

**B**

Wir haben einen Hamster. Er heißt Flocki. Er ist klein und hellbraun und weiß. Flocki schläft am Tag. Das ist schade: Ich kann nicht so oft mit ihm spielen. Er ist schön weich. Flocki frisst Salat und Karotten und trinkt Wasser. Er ist zwei Jahre alt.

Max

**C**

Wir haben eine Katze. Sie heißt Lotta. Sie hat drei Farben: weiß, braun und schwarz. Lotta ist elegant und schön. Sie hat ein weiches Fell. Sie spielt gern mit mir. Wir spielen zum Beispiel mit einer Plüschmaus. Lotta trinkt Milch und frisst Katzenfutter. Sie mag gern kleine Katzenkroketten mit Huhn. Lotta ist drei Jahre alt.

Leandra

**D**

Ich habe zwei Vögel. King Kong ist blau und Snoopy ist grün und gelb. King Kong Ist sechs Monate und Snoopy acht Monate alt. Man kann nicht sehr viel mit ihnen machen. Aber ich mag sie! Ich füttere die Vögel einmal am Tag. Sie fressen Körner und trinken Wasser.

Fanny

**E**

Wir haben Fische in einem großen Aquarium. Es sind viele! Ich glaube zwanzig. Es gibt kleine und große Fische. Einige sind rot und orange, andere blau und schwarz. Ich gebe den Fischen Futter. Das Futter tue ich direkt ins Wasser. Ich schaue den Fischen gern zu. Leider habe ich keinen Hund!

Tim

Notiere jetzt die Informationen.

| | Text B | Text C | Text D | Text E |
|---|---|---|---|---|
| Tierart | .................... | .................... | .................... | .................... |
| Name | .................... .................... | .................... .................... | .................... .................... | |
| Alter | .................... | .................... | .................... | |
| Aussehen | .................... .................... .................... | .................... .................... .................... | .................... .................... .................... | .................... .................... .................... |
| Essen | .................... .................... .................... | .................... .................... .................... | .................... .................... .................... | .................... .................... .................... |
| Aktivitäten | .................... .................... | .................... .................... | .................... .................... | .................... .................... |

## Autonom

Track 2

**1. Écoute les questions et entoure la réponse qui convient.**

a. Mäuse – Hundefutter – Lasagne

b. im Teich – auf dem Bett – in einem Käfig

c. das Pferd – die Spinne – die Maus

d. die Schlange – der Vogel – der Hund

**2. Retrouve les mots composés qui sont formés à partir de « *futter / fütter* » et écris-les en face de la traduction qui convient.**

Katzen
Hunde

futter / fütter-

-n

la nourriture : ..................................................................................................

la nourriture pour chats : ......................................................................................

la nourriture pour chiens : .....................................................................................

nourrir : ...........................................................................................................

**3. Réécris les mots ci-dessous dans la colonne qui convient.**

mit einem Ball spielen – schwarz – klein – im Garten – Reis – Hundefutter – spazieren gehen – lieb – Karotten – weich – Salat – braun – schön – mit einer Plüschmaus spielen – Katzenfutter – Milch – Katzenkroketten – in einem Aquarium – Körner – fliegen – Wasser – im Teich

**Wie sie sind**

..................................................
..................................................
..................................................
..................................................

**Was sie fressen und trinken**

..................................................
..................................................
..................................................
..................................................
..................................................

**Was sie machen**

..................................................
..................................................
..................................................
..................................................
..................................................

**Wo sie leben**

..................................................
..................................................
..................................................

**Mit dem Buch**

## Unterwegs ▸ Buch, S. 60-61

## 1 Was ist der Mundenhof?

**Schritt 1 Lies die Informationen und ergänze.**

Der Mundenhof ist ein .................................................................... .

Er ist ...................... Hektar groß.

Er ist von ....................................... bis ....................................... geöffnet.

Der Eintritt ist ....................................... .

Der Parkplatz kostet ....................................... Euro.

**Schritt 3 Sieh dir die Reportage an und notiere die neuen Informationen.**

Der Mundenhof: ein Ort zum ..........................................,

zum Natur- und Tiereerleben.

Der Mundenhof ist kein .......................................... .

Die Tiere haben Platz und .............................................. im Freien[1].

Man findet hier wenig[2] ........................................... Tiere.

Es gibt mehr ........................................... .

........................................... ist verboten!

1. im Freien: *en liberté* – 2. wenig: *peu de*

## 2 Bei der Fütterung

**Sieh dir den zweiten Teil der Reportage an und finde den Weg des Tierpflegers auf dem Plan. Welche Tiere füttert er?**

Er füttert …

① ....................................

② ....................................

③ ....................................

④ ....................................

⑤ ....................................

**Autonom**

Track 3

**1. Écoute et réponds aux questions.**

a. ....................................

b. ....................................

c. ....................................

d. ....................................

e. ....................................

**2.** **À quel thème correspondent les éléments ci-dessous ? Relie-les.**

| | |
|---|---|
| 38 Hektar • | • Preis |
| von Januar bis September • | • Größe |
| 12 € • | • Öffnungszeiten |
| 8-21 Uhr • | |

## Bilanz

**Écris un petit texte sur le Mundenhof.**
Was ist der Mundenhof? Wann ist es geöffnet? Was kann man machen? Welche Tiere kann man sehen? Wer füttert sie? ...

..........................................................................................

..........................................................................................

..........................................................................................

..........................................................................................

..........................................................................................

..........................................................................................

## Sprechprobe

Track 4

**1. a. Écoute et entraîne-toi à prononcer les mots suivants.**

Ei – Augen – Maul – große Augen – große Ohren – große Hände – großes Maul

**b. Écoute et entraîne-toi à poser cette question.**

Was hast du für große Ohren?

Track 5

**2. Écoute et entraîne-toi à prononcer les mots suivants.**

Maul – Großmutter – Ohren – Augen – Mundenhof – braun – Maus – Monat – groß – auf

## Grammatik

**1. Complète avec les adjectifs attributs ci-dessous.**

lieb – eklig – weich – gefährlich – weiß

a. Das Fell von Cosita ist sehr ....................................... .

b. Ich habe eine Katze. Sie ist sehr ....................................... .

c. Ich mag keine Spinnen. Sie sind wirklich ....................................... .

d. Schlangen sind manchmal ....................................... .

e. Wie ist dein Hamster? Er ist braun und ....................................... .

**2. Complète le texte avec le déterminant *ein-* ou *kein-* selon le sens des phrases. Ajoute la terminaison qui convient.**

a. 55 % der Deutschen haben ............................ Haustier.

b. Habt ihr auch ............................ Haustier? Ja, wir haben ............................ Hamster und ............................ Maus.

c. Wie heißen sie? Der Hamster heißt Lady Snow. Die Maus hat ............................ Namen.

d. Was fressen sie? Sie fressen Körner. Die Maus mag ............................ Käse, das ist lustig!

**3. Jamais content ! Complète avec la négation qui convient.**

a. Ich habe ............................ Haustier.

b. Ich mag ............................ Schlangen.

c. Mein Hund mag ............................ Katzen.

d. Meine Katze frisst ............................ Katzenfutter.

e. Meine Eltern wollen ............................ Hund.

**4.** **Complète avec le déterminant possessif qui convient.**

a. Lisa hat eine Katze. ........................ Katze heißt Micky.

b. Tom hat einen Hamster. ........................ Hamster ist zwei Jahre alt.

c. Annemarie hat einen Pferd. ........................ Pferd ist braun.

## Wortschatz

**1.** **Chasse l'intrus ! Indique ensuite à quelle idée se rapportent les mots qui restent.**

a. blau – Wasser – grün – schwarz – hellbraun → ........................

b. Erbsen – Kroketten – Hundefutter – Ball – Körner → ........................

c. klein – Plüschmaus – weich – braun – groß → ........................

d. schön – spielen – spazieren gehen – fliegen – schwimmen → ........................

e. Teich – Käfig – Aquarium – Hundefutter – Garten → Wo sie leben

**2.** **Réponds aux questions ci-dessous.**

a. Was frisst ein Hund?

........................................................................................................

b. Was trinkt eine Kuh?

........................................................................................................

c. Wo leben Fische?

........................................................................................................

d. Wie viele[1] Beine haben Spinnen?

........................................................................................................

e. Wie viele Höcker[2] hat das Kamel?

........................................................................................................

1. Wie viele: *combien* – 2. der Höcker: *la bosse*

Mit dem Buch

## Bei Freunden ▸ Buch, S. 70-71

## 1 Meine Familie und ich

Schritt 2 Sieh dir das Video an. Welche Personen nennt Noemi?

a. ..........................................................................................

b. ..........................................................................................

c. ..........................................................................................

## 2 Unsere Familien

Schritt 1 Sieh dir das Video an.

**a.** Wen stellt Nicole vor? Was sagt sie über ihre Familie?

..........................................................................................

..........................................................................................

..........................................................................................

..........................................................................................

**b.** Was sagt Sofian über seine Familie?

Geschwister ..........................................................................................

Eltern ..........................................................................................

Großeltern ..........................................................................................

Schritt 2 **Lies den Text von Violette und suche nach Informationen.**

## Und jetzt…

**Stell den anderen ein Familienfoto vor! Mach dir Notizen: Familienmitglied? Name? Alter? Wohnort? Weitere Informationen?**

.................................................................................................................................................

.................................................................................................................................................

.................................................................................................................................................

## Autonom

Track 1

**1. Écoute et répète les mots suivants. Puis, souligne la syllabe accentuée.**

a. Vater – b. Mutter – c. Bruder – d. Schwester – e. Geschwister – f. Onkel –

g. Tante – h. Eltern – i. Großeltern

**2. Complète à l'aide des mots de la famille que tu as appris.**

a. ........................................ + ........................................ = die Eltern

b. ........................................ + ........................................ = die Geschwister

c. ........................................ + ........................................ = die Großeltern

**3. Complète avec le pronom personnel qui convient.**

a. Mein Vater heißt Thomas. .................. ist 41 Jahre alt.

b. Ich habe zwei Brüder. .................. heißen Lukas und Sebastian.

c. Meine Schwestern sind 9 und 11 Jahre alt. .................. sind sehr sportlich.

d. Mein Bruder heißt Matthias. .................. spiele gern Fußball mit ihm.

**4. Ajoute la terminaison qui convient.**

a. Ich habe ein........... Schwester und ein........... Bruder.

b. Olivia hat kein........... Geschwister.

c. Mein........... Mutter heißt Sandra.

d. Mein........... Vater heißt Alexander.

e. Wie heißt dein........... Bruder?

f. Mein........... Eltern sind Lehrer.

**5.** **Associe chaque question à la réponse qui convient.**

| | |
|---|---|
| a. Hast du Geschwister? • | • Jana. |
| b. Wie heiβt deine Schwester? • | • 16 Jahre alt. |
| c. Wo wohnen deine Groβeltern? • | • Ja, eine groβe Schwester. |
| d. Wie alt ist deine Schwester? • | • In Freiburg. |

**6.** **Écris sous chaque photo la légende qui convient.**

Mit dem Buch

## Bei Freunden ▸ Buch, S.72-73

## 3 Am Wochenende mit der Familie

Schritt 1 **Sieh dir diese Umfrage an. Was machen die Jugendlichen gern mit ihrer Familie am Wochenende?**

am liebsten – gern – nicht so gern

........................................................................

........................................................................

........................................................................

........................................................................

........................................................................

Schritt 2 **Sieh dir das Video an. Was machen Violette und Sofian mit ihrer Familie am Wochenende?**

........................................................................

........................................................................

........................................................................

........................................................................

........................................................................

........................................................................

## 4 Ausflüge, Radtouren...

**Lies die Texte und suche nach Informationen.**

| | Was? | Mit wem? |
|---|---|---|
| Hannah | ..................... | ..................... |
| Lilla | ..................... | ..................... |
| Christian | ..................... | ..................... |

## Und jetzt...

**Was machst du gern am Wochenende mit deiner Familie (Kino, Sport, spielen...)? Erzähle.**

.....................................................................

.....................................................................

.....................................................................

.....................................................................

## Autonom

Track 20

**1. Écoute et relève les informations sur Lisa (sa famille, ses activités).**

..................................................

..................................................

..................................................

..................................................

..................................................

..................................................

**2. Relie les réponses qui correspondent aux situations proposées.**

| | |
|---|---|
| a. Ich möchte Ski fahren. Ich fahre… • | • … ins Kino. |
| b. Ich möchte shoppen. Ich gehe… • | • … in die Berge. |
| c. Ich möchte schwimmen. Ich gehe… • | • … in die Stadt. |
| d. Ich möchte einen Film sehen. Ich gehe… • | • … ins Schwimmbad. |

**3. Complète avec les groupes prépositionnels qui conviennent (*ins* ou *in die*).**

a. Jugendliche gehen gern ................ Kino.

b. Jeden Samstag geht Lilla mit ihren Eltern ................ Restaurant.

c. Nach der Schule gehe ich oft ................ ................ Bibliothek.

d. Ich fahre oft mit meinem Vater ................ ................ Berge. Wir wandern gern.

e. Meine Eltern gehen oft ................ Museum. Das mag ich nicht so gern.

**Mit dem Buch**

**Unterwegs** ▸ Buch, S. 74-75

# 1 Auf zum See!

Schritt 1 **Jede Gruppe wählt einen Text aus und notiert die Informationen zum Text.**

**Gruppenarbeit**

Meine Gruppe:

– ..........................................................

– ..........................................................

– ..........................................................

Unser Text:

..........................................................

**Text A: Der Schluchsee**

Wo liegt er? ..........................................

Wie groß ist er? ..........................................

Wie tief ist er? ..........................................

Was kann man hier machen?

..........................................................

..........................................................

..........................................................

**Text B: Der Titisee**

Wo liegt er? ..........................................

Wie groß ist er? ..........................................

Wie tief ist er? ..........................................

Was kann man hier machen?

..........................................................

..........................................................

..........................................................

Schritt 3 **Lies jetzt den Text C. Was ist am Feldsee anders?**

Wie kommt man zum Feldsee? ..........................................................

Was gibt es? ..........................................................

Was gibt es nicht? ..........................................................

## Und jetzt…

**Mach eine Mini-Broschüre für einen Ort, den du magst / wo du mit deiner Familie hingehst.**

| **der Ort:** | **Informationen:** | **Aktivitäten:** |
| --- | --- | --- |
| wie er heißt,<br>wo er liegt.<br>+ ein Foto/eine Zeichnung | was es dort gibt (Stadt/<br>Natur, Tiere, Pflanzen…) | was man dort machen kann |

## Autonom

**1. De quelles activités s'agit-il ? Légende les photos.**

.......................................................

.......................................................

.......................................................

.......................................................

.......................................................

.......................................................

**2. Complète avec le déterminant possessif et la marque qui conviennent.**

a. Mit ...................... Bruder spiele ich oft Fußball.

b. Tom geht mit ...................... Freund Jan ins Kino.

c. Am Samstag geht Anna mit ...................... Freundinnen shoppen.

d. Chattest du oft mit ...................... Cousins aus England?

**3.** « *Unterwegs-Quiz* » ! **Écoute et réponds aux questions qui te sont posées.**

a. ..........................................................................................................................................................

b. ..........................................................................................................................................................

c. ..........................................................................................................................................................

d. ..........................................................................................................................................................

## Bilanz

Quel lac aimerais-tu aller voir ? Le *Schluchsee* ou le *Titisee* ?
Décris-le et donne ton avis.

..........................................................................................................................................................

..........................................................................................................................................................

..........................................................................................................................................................

..........................................................................................................................................................

..........................................................................................................................................................

## Sprechprobe

**1. Écoute les mots suivants et entraîne-toi à les prononcer.**

können – bitten – brüllen – Mutter – Vater

**2. Voyelle longue ou brève ? Écoute et signale d'un ° la voyelle brève et d'un – la voyelle longue.**

können – bittet – Vater – ruhig – brüllt – Mutter – telefoniere –

gerade – Tim – mal

## Grammatik

**1. Complète avec le déterminant possessif et la marque qui conviennent.**

a. Ich wohne mit ........................... Eltern in einem großen Haus.

b. Gehst du oft mit ........................... Hund spazieren?

c. Er spielt mit ........................... Mutter Tennis.

d. Manchmal geht sie mit ........................... Freundinnen ins Kino.

e. Sie kocht mit ........................... Oma zusammen.

**2. Complète avec la forme conjuguée du verbe *fahren* qui convient.**

a. Am Wochenende ................................ ich oft Rad.

b. Tim und Lennart ................................ gern Skateboard.

c. ................................ du auch Skateboard?

d. Im Sommer ................................ Tina Tretboot.

**3. Forme des phrases à l'aide des éléments ci-dessous pour parler des activités de Sandra.**

a. Krimis sehen

..........................................................................................................................................

b. Romane lesen

..........................................................................................................................................

c. im Park spazieren gehen

..........................................................................................................................................

d. Roller fahren

..........................................................................................................................................

**4. Complète avec le déterminant possessif qui convient.**

a. Am Samstag mache ich eine Radtour. ............................ Vater kommt mit.

b. Lea mag ............................ Katze sehr.

c. Max holt noch ............................ Fahrrad bei Tim für die Radtour.

d. Du Lena, ist ............................ Mutter heute zu Hause?

## Wortschatz

**1. Retrouve les mots formés à partir de « *wander-* » et inscris-les en face de la traduction qui convient. (N'oublie pas les articles et les majuscules !)**

wander-

-n
-er
-ung

le randonneur : ..............................................................................

faire une randonnée : ....................................................................

la randonnée : ...............................................................................

**2. *Fahren* ou *machen* ? Ajoute le verbe qui convient.**

a. Tretboot ............................................................ = faire du pédalo

b. eine Radtour ................................................... = faire une randonnée à vélo

c. Fahrrad ............................................................ = faire du vélo

d. Sport ................................................................ = faire du sport

e. Skateboard ...................................................... = faire du skateboard

## Mit dem Buch

### Bei Freunden ▸ Buch, S. 84-85

## 1 Gute Freunde

**Was machen gute Freunde zusammen? Schreib zu jedem Bild den passenden Ausdruck*.**

* der Ausdruck: *l'expression*

Sie ..........................................

Sie ..........................................

Sie ..........................................

Sie ..........................................

Sie ..........................................

Sie ..........................................

Sie ..........................................

Sie ..........................................

## Und jetzt…

**Was machst du mit deinen Freunden?**

Sport | Musik | Schule | Sonstiges*

..................................................................................................................

..................................................................................................................

* Sonstiges: *autres*

## 2 Ein Freundschaftsquiz: Bist du ein guter Freund?

**a. Lies die Fragen und wähle deine Antwort.**

### Freundschaft und du…

**1. Was ist für dich ganz wichtig?**
- ✿ dein Computer
- ★ dein(e) Freund(in)
- ○ dein Haustier

**2. Dein(e) Freund(in) ist krank. Was machst du?**
- ○ Du rufst ihn/sie an.
- ★ Du bringst ihm/ihr die Hausaufgaben.
- ✿ Du machst nichts. Du hast keine Zeit.

**3. Dein(e) Freund(in) hat Geburtstag. Was machst du?**
- ✿ Du vergisst[1] Geburtstage immer.
- ○ Du suchst schnell ein Geschenk[2].
- ★ Du hast schon lange ein schönes Geschenk.

1. vergessen: *oublier* – 2. das Geschenk: *le cadeau*

**4. Dein(e) Freund(in) hat Probleme. Was machst du?**
- ○ Du hörst zu, ok, aber nur fünf Minuten.
- ★ Du bist immer für ihn/sie da.
- ✿ Er/Sie nervt! Du hast auch deine Probleme.

**5. Dein(e) Freund(in) kommt zu dir. Was macht ihr?**
- ✿ O je! Er/Sie möchte immer von seinen/ihren Problemen erzählen, und das nervt dich.
- ★ Toll! Ihr habt immer Spaß zusammen.
- ○ Schön, aber was macht ihr?

**Resultat:**

3 bis 5 ★: Hilfsbereit*, nett und freundlich: Du bist echt ein super Freund/eine super Freundin!

3 bis 5 ○: Na ja, ein guter Freund/eine gute Freundin bist du schon, aber manchmal bist du ein bisschen egoistisch.

3 bis 5 ✿: Du bist gern allein. Aber Freundschaft ist auch schön!

* hilfsbereit: *serviable*

**b. Zähl jetzt die Symbole.**

Wie viele ★ hast du? ...............

Wie viele ○ hast du? ...............

Wie viele ✿ hast du? ...............

**c. Notiere dein Resultat:**

..................................................................................................

..................................................................................................

## 3 Beste Freundinnen

**Sieh dir das Interview an. Was sagen Nicole und Noemi zum Thema Freundschaft?**

Was machen sie zusammen? ..............................................................................

..............................................................................................................

Was mag Noemi an Nicole und Nicole an Noemi? ..........................................

..............................................................................................................

..............................................................................................................

..............................................................................................................

## Autonom

**1. Associe chaque expression à la situation qui lui correspond.**

Gute Freunde... / Gute Freundinnen...

A ... spielen zusammen.

B ... machen zusammen Hausaufgaben und Referate.

C ... erzählen sich ihre Probleme.

D ... gehen zusammen ins Kino.

E ... machen zusammen Musik.

( ) „Du Anna, meine Schwester nervt mich. Was kann ich tun?“

( ) „Ich will den neuen Film von Spielberg sehen. Kommst du mit?“

( ) „Am Donnerstag schreiben wir einen Test in Mathe. Wollen wir zusammen lernen?“

(A) „Wie findest du dieses PC-Spiel?“ „Toll, und du?“

( ) „Am Mittwoch haben wir Schulorchester. Übst du mit mir?“

**2. Complète le texte avec les verbes ci-dessous en les accordant avec le sujet (attention : ils ne sont pas dans le bon ordre !).**

kennen – spielen – helfen – sein (x 2) – machen (x 2) – heiβen

Mein bester Freund .................................... Jan. Ich .................................... ihn seit der fünften Klasse. Er ........................ sehr sportlich. Am Wochenende .................................... wir oft Tennis. Manchmal .................................... wir auch zusammen eine Radtour. Das .................................... Spaß. Jan ........................ nett und sympathisch. Er .................................... mir, wenn ich ein Problem habe.

Track 1

**3. Écoute les questions qui te sont posées et réponds-y.**

a. ..........................................................................................................................................

b. ..........................................................................................................................................

c. ..........................................................................................................................................

d. ..........................................................................................................................................

**4. Forme des phrases cohérentes (les verbes sont déjà conjugués).**

a. gehen – am Wochenende – wir – shoppen

..........................................................................................................................................

b. Nicole und Noemi – sehr gut – sich – verstehen

..........................................................................................................................................

c. sie – Schulsachen – Referate – und – machen – zusammen

..........................................................................................................................................

d. da – ist – meine beste Freundin – für mich – immer

..........................................................................................................................................

Mit dem Buch

**Bei Freunden** ▸ Buch, S. 86-87

## 4 Das machen wir zusammen!

**Lies die Texte. Was machen die Freunde/Freundinnen zusammen? Was finden sie gut am Freund/an der Freundin?**

Gruppenarbeit

Meine Gruppe:

– ..................................................

– ..................................................

– ..................................................

Unser Text:

..................................................

**Gruppe 1**

Was machen die Freunde/ Freundinnen zusammen?

..................................................

..................................................

..................................................

..................................................

Was finden sie gut am Freund/ an der Freundin?

..................................................

..................................................

..................................................

..................................................

**Gruppe 2**

Was machen die Freunde/ Freundinnen zusammen?

..................................................

..................................................

..................................................

..................................................

Was finden sie gut am Freund/ an der Freundin?

..................................................

..................................................

..................................................

..................................................

## Und jetzt...

**Was macht dein Partner/deine Partnerin mit seinem/ihrem besten Freund/besten Freundin? Notiere die Informationen.**

..................................................

..................................................

..................................................

**Was machst du mit deinem besten Freund/deiner besten Freundin?**

..................................................

..................................................

..................................................

..................................................

## 5 Ein Tag mit Freunden und Familie: Geburtstag

Schritt 2 **Lies Noemis Text über ihren Geburtstag. Welche Details erfährst du?**

Wann?

..................................................

..................................................

Essen/Trinken?

..................................................

..................................................

..................................................

..................................................

Gäste?

..................................................

..................................................

..................................................

..................................................

Aktivitäten

..................................................

..................................................

..................................................

Schritt 3 **Sieh dir jetzt das Video mit Sofian an. Vergleiche mit Noemi: Was ist gleich? Was ist anders?**

Was Sofian an seinem Geburtstag macht...

.................................................................................................

.................................................................................................

.................................................................................................

.................................................................................................

.................................................................................................

## Autonom

**1. Des intrus se sont glissés dans les listes de mots ci-dessous. Barre-les.**

a. Marmorkuchen – Kirschtorte – Apfelsaft – Schokotorte

b. feiern – lernen – singen – spielen

c. Mutter – Tante – Oma – Freund – Opa

d. Gäste – Geschenke – Party – Probleme

**2. Une idée par jour ! En t'aidant du vocabulaire que tu as appris, imagine un programme d'activités à proposer à un/une ami(e).**

Am Montag .................................................................................................

Am Mittwoch .................................................................................................

Am Donnerstag .................................................................................................

Am Samstag .................................................................................................

Mit dem Buch

## Unterwegs
▸ Buch, S. 88-89

## 1 Freunde sind stark!

**TIPP** Dans un premier temps, tu notes les informations trouvées sur la couverture du livre sur lequel ton groupe travaille. Pendant la présentation des autres groupes, tu prends des notes.

**Gruppenarbeit**

Meine Gruppe:

– ........................................................

– ........................................................

– ........................................................

Unser Text:

........................................................

**„Emil und die Detektive"**

Der Autor heißt:

........................................................

Die Hauptfigur (Name, Alter, Familie):

........................................................

........................................................

Seine/Ihre Freunde sind/ist:

........................................................

Es gibt ein Problem:

........................................................

........................................................

Sie machen zusammen:

........................................................

........................................................

**„Pippi Langstrumpf“**

Die Autorin heißt:

...........................................................................

Die Hauptfigur (Name, wie sie ist, was sie macht):

...........................................................................

...........................................................................

Seine/Ihre Freunde sind:

...........................................................................

Sie machen zusammen:

...........................................................................

...........................................................................

Andere Informationen:

...........................................................................

...........................................................................

**„Vorstadtkrokodile“**

Der Autor heißt:

...........................................................................

Die Hauptfigur (Name, Probleme, was sie will):

...........................................................................

...........................................................................

Es gibt aber ein Problem:

...........................................................................

...........................................................................

Was passiert:

...........................................................................

...........................................................................

## Und jetzt…

**Stell ein Buch über Freundschaft vor. Mache dir Notizen.**

| | |
|---|---|
| | Titel: ........................................<br>Autor: ........................................ |
| Wer ist die Hauptfigur? | ........................................ |
| Wie heißen die Freunde? | ........................................ |
| Was machen sie zusammen? | ........................................ |
| Gibt es ein Problem? | ........................................ |

## Autonom

Track 2

**1.** **« *Unterwegs-Quiz* » ! Écoute et réponds aux questions qui te sont posées.**

a. ................................................ d. ................................................

b. ................................................ e. ................................................

c. ................................................ f. ................................................

**2.** **Retrouve qui a besoin d'être aidé et complète avec le pronom personnel au datif qui convient.**

a. Ich habe ein Problem? Mein bester Freund ist immer für mich da und hilft ................ .

b. Meine Freundin Emma ist nett. Ist sie traurig, dann höre ich ................ zu.

c. „Jessica, was ist los? Ich kann ................ helfen!"

d. Mein Freund Tom hat Probleme in Mathe. Ich helfe ................ oft.

### *Sprechprobe*

Track 3

**1. Écoute les mots suivants et entraîne-toi à les prononcer.**

regnen – stürmen – geboren – Geburtstag – Geburtstagskind – schneien – strahlen

Track 4

**2. [g] ou [k] ? Écoute et coche le son que tu entends.**

| son entendu | 1 | 2 | 3 | 4 | 5 | 6 | 7 | 8 | 9 | 10 |
|---|---|---|---|---|---|---|---|---|---|---|
| [g] | ❑ | ❑ | ❑ | ❑ | ❑ | ❑ | ❑ | ❑ | ❑ | ❑ |
| [k] | ❑ | ❑ | ❑ | ❑ | ❑ | ❑ | ❑ | ❑ | ❑ | ❑ |

## Grammatik

**1. Complète avec la forme conjuguée du verbe *wollen* qui convient.**

a. ................................ du mit mir ins Kino gehen?

b. Lukas ................................ nicht ins Museum gehen.

c. Wir ................................ Emil helfen!

d. Kai ................................ ein „Vorstadtkrokodil" werden.

e. Alle Kinder der Stadt ................................ den Dieb fangen.

**2. Qui doit faire quoi ? Complète avec le verbe *müssen* au présent.**

a. Stefan hat ein Problem. Wir ................................ ihm helfen.

b. Am Samstag kann Sebastian nicht kommen. Er ................................ zum Training.

c. Ingrid ................................ um 8 Uhr in der Schule sein.

d. Die Kinder können nicht am Computer spielen. Sie ................................ Matheaufgaben machen.

e. Heute Abend ................................ wir zu Hause bleiben.

**3. Forme des phrases cohérentes à l'aide des éléments ci-dessous.**

| | | | |
|---|---|---|---|
| Ich<br>Mein Bruder<br>Du<br>Meine Eltern<br>Tom | helfen | mir/dir/ihm/ihr<br>meinen/deinen Freunden<br>meinem Freund/meiner Freundin | bei den Hausaufgaben<br>bei einem Referat<br>in der Schule<br>, wenn ich ein Problem habe |

.......................................................................................................................................

.......................................................................................................................................

.......................................................................................................................................

.......................................................................................................................................

.......................................................................................................................................

## Wortschatz

**1. Retrouve les mots formés à partir de « *Freund-* » et écris-les en face de la traduction correspondante.**

der
die

Freund-

-e
-in
-innen
-schaft

l'amie : ..........................................................................

les amies : ......................................................................

l'amitié : .........................................................................

les amis : ........................................................................

l'ami : .............................................................................

**2. Que peut faire un(e) véritable ami(e) ? Ajoute les verbes qui conviennent.**

bringen – erzählen – kaufen – helfen – zuhören

Seinem Freund/Seiner Freundin kann man…

**a.** ein Geschenk ........................................................................ .

**b.** die Hausaufgaben ................................................................. .

**c.** von seinen Problemen .......................................................... .

**d.** bei einem Referat ................................................................. .

**e.** ................................................................. , wenn er ein Problem hat.

## Mit dem Buch

### Bei Freunden ▸ Buch, S. 104-105

## 1 Wo wohnen die Leute?

**Lies die Kommentare. Welcher Kommentar passt zu welchem Bild? Markiere die Indizien! Assoziiere Bild und Text.**

**A** Ich lebe mit meinen Eltern in einem modernen Haus. Es ist orange und hat graue Türen und Fenster. Das mag ich!

Bild Nummer: ...........

**B** Wir haben ein wirklich schönes Haus! Es hat einen Balkon. Und wir haben einen Garten.

Bild Nummer: ...........

**C** Ich wohne in der Stadt. Wir leben im achten Stock. Hier leben noch viele andere Familien, und ich finde immer Freunde zum Spielen.

Bild Nummer: ...........

**D** Wir wohnen im Quartier Vauban in Freiburg. Es ist sehr ökologisch mit viel Natur und Solarzellen auf den Dächern. Die Häuser sind schön und haben viele Farben!

Bild Nummer: ...........

### Und jetzt…

**Frag deinen Partner/deine Partnerin:**

**Fragen**
Wo wohnst du?
Wohnst du in … … oder in … … ?
Hast du ein… … ?

**Antworten**
Ich wohne in … .
Wir haben ein… … mit Garten/Balkon/Terrasse.

**Mach dir Notizen:**

Mein Partner/Meine Partnerin ...........................................................................................................

## 2 Das ist mein Haus!

**Schritt 1** **Sieh dir die Fotos an und ordne dann die Etiketten zu.**

1

2

3

4

5

6

7

die Küche ◯ das Bad ◯ das Wohnzimmer ◯ der Garten ◯

Violettes Zimmer ◯ ◯ das Esszimmer ◯

**Schritt 2** **Lies die Sätze. Was machen Violette und ihre Familie? Wo? Mach Hypothesen und notiere sie in der Tabelle.**

**Schritt 3** **Welche Hypothesen stimmen? Kreuze an.**

in der Küche | im Esszimmer | im Wohnzimmer | in ihrem Zimmer (Violettes Zimmer)

| Wer? (1: Violette allein oder 2: Violette und ihre Familie) | Was? | Wo? | Richtig? |
|---|---|---|---|
| ........................ | ........................................................ | ........................................................ | ❑ |
| ........................ | ........................................................ | ........................................................ | ❑ |
| ........................ | ........................................................ | ........................................................ | ❑ |
| ........................<br>........................ | ........................................................<br>........................................................ | ........................................................<br>........................................................ | ❑ |

## Autonom

**1.** **Observe les maisons et trouve les différences ! Rédige ensuite tes réponses ci-dessous.**

1. ........................................................................................................................

2. ........................................................................................................................

3. ........................................................................................................................

4. ........................................................................................................................

5. ........................................................................................................................

6. ........................................................................................................................

7. ........................................................................................................................

**2. Ajoute la terminaison qui convient.**

a. Wohnst du in ein.......... Wohnung oder in ein.......... Haus?

b. Wo ist Michael? I.......... d.......... Garage!

c. Vati ist in d.......... Küche und Mutti ist i.......... Garten.

d. Onkel Georg liest i.......... Wohnzimmer.

e. Wir essen um 19 Uhr i.......... Esszimmer.

**3. Commente ces images : où est l'éléphant ? Que fait-il ?**

1

2

3

4

Bild 1: ........................................................................................................

Bild 2: ........................................................................................................

Bild 3: ........................................................................................................

Bild 4: ........................................................................................................

**Mit dem Buch**

**Bei Freunden** ▸ Buch, S. 106-107

## 3 Kommt rein!

Schritt 1 **Lies den Text. Markiere die Informationen: das Zimmer, die Möbel, die Aktivitäten, wie Nicole es findet.**

„Ich wohne in einer Wohnung im zweiten Stock. Ich mag unsere Wohnung. Sie ist schön und hell.
In der Wohnung gibt es ein Wohnzimmer, das Zimmer meiner Mutter, das Kinderzimmer, Küche und Bad. Im Flur hängt eine Kuckucksuhr. Das ist typisch für den Schwarzwald. Aber wir haben auch viele Souvenirs aus Ecuador. Da haben wir Familie.
Im Wohnzimmer steht mein Klavier. Hier übe ich jeden Tag. Hier ist auch der Fernseher. Wir sehen oft Filme zusammen. Die Küche ist groß und gemütlich. Hier kochen und essen wir."

Schritt 2 **Was erfährst du Neues?**

**Mit wem wohnt Nicole?**

........................................

**Wohnzimmer**

Was gibt es da? ........................................

........................................

........................................

Was machen sie da? ........................................

........................................

........................................

**Zimmer von Nicole**

Wer wohnt da? ........................................

........................................

Was gibt es da? ........................................

........................................

........................................

Was macht sie da? ........................................

........................................

........................................

........................................

# 4 Mein Zimmer

Schritt 1 **Lies die Texte und notiere die Informationen.**

**Text 1**

wie das Zimmer ist

..........................................................................

was es gibt

..........................................................................

was sie macht ..........................................................

..........................................................................

was sie gut findet

..........................................................................

was sie nicht gut findet

..........................................................................

**Text 2**

was es gibt

..........................................................................

..........................................................................

was sie machen ........................................................

..........................................................................

..........................................................................

**Text 3**

wie das Zimmer ist

..........................................................................

was es gibt

..........................................................................

was sie macht ..........................................................

..........................................................................

was sie gut findet

..........................................................................

**Text 4**

wie das Zimmer ist

..........................................................................

was es gibt ..............................................................

..........................................................................

was er gut findet

..........................................................................

was er nicht gut findet

..........................................................................

## Und jetzt...

**Wie ist dein Zimmer? Teilst du es? Was gibt es in deinem Zimmer? Was machst du da? Was findest du (nicht) gut?**

groß – klein – alt – modern – hell – rot – weiß...

**Wie ist dein Zimmer?**

Mein Zimmer ist ..........................................................................

**Teilst du dein Zimmer mit einem Bruder/einer Schwester?**

Ich habe mein eigenes Zimmer. / Ich teile mein Zimmer mit ............................................................ .

**Was hast du in deinem Zimmer?**

In meinem Zimmer habe ich ............................................................................................................ .

**Was machst du in deinem Zimmer?** ..............................................................................................

......................................................................................................................................................

**Was findest du gut?** .....................................................................................................................

**Was findest du nicht gut?** ..........................................................................................................

## Autonom

Track 1

**1. Écoute et note dans quel ordre sont représentés les objets ci-dessous.**

Track 1

**2. Écoute une deuxième fois et écris le nom de chacun des objets ou meubles dans la colonne qui convient.**

| der | das | die |
| --- | --- | --- |
| ........................ | ........................ | ........................ |
| ........................ | ........................ | ........................ |
| ........................ | | |
| ........................ | | |
| ........................ | | |
| ........................ | | |
| ........................ | | |

**3. Complète avec l'article indéfini qui convient. Attention aux marques de l'accusatif !**

**a.** Ich habe ................. roten Sessel.

**b.** Hast du ................. Computer?

**c.** Sie hat ................. Poster an der Wand.

**d.** In seinem Zimmer hat er ................. Kommode.

**e.** Er hat auch ................. Schreibtisch.

**4. Ajoute la terminaison qui convient.**

**a.** Max ist in d........... Garage. Er repariert sein Fahrrad.

**b.** Die Kinder spielen in ihr........... Zimmer.

**c.** Lola bleibt stundenlang* i........... Badezimmer.

* stundenlang: *pendant des heures*

**d.** In mein........... Zimmer habe ich einen großen Kleiderschrank.

**Mit dem Buch**

**Unterwegs** ▸ Buch, S. 108-109

## 1 Leben vor 400 Jahren

**Schritt 1** **Lies die Texte und finde zu jedem Text ein oder zwei Fotos.**

| Text | 1 | 2 | 3 | 4 | 5 |
|---|---|---|---|---|---|
| Foto(s) | ………… | ………… | ………… | ………… | ………… |

**Schritt 2** **Lies noch einmal die Texte und notiere die Informationen.**

Wie heißt das Haus?
Was ist es?

…………………………………………

…………………………………………

…………………………………………

Welche Zimmer gibt es?

…………………………………………

…………………………………………

…………………………………………

…………………………………………

Was ist typisch?

…………………………………………

…………………………………………

…………………………………………

…………………………………………

…………………………………………

Wer wohnt da?

…………………………………………

…………………………………………

…………………………………………

…………………………………………

…………………………………………

Wo schlafen die Menschen?

…………………………………………

…………………………………………

…………………………………………

## 2 Willkommen im Schwarzwälder Freilichtmuseum Vogtsbauernhof!

**Welche Informationen kennst du schon? Welche Informationen sind neu?**

| Informationen | Das wissen wir schon |
|---|---|
| Name | ........................................ |
| Zimmer | ........................................ |
| Was gibt es da? | ........................................ |
| Wer wohnt da? | ........................................ |
| Was ist typisch? | ........................................ |

| Neue Informationen |
|---|
| ........................................ |
| ........................................ |
| ........................................ |

## Und jetzt...

**Schreib einen kurzen Text über das Leben heute. Was ist anders als vor 400 Jahren?**

Temperatur im Winter? | Tiere? | Wie man die Zimmer nennt ?

Wie viel Zimmer? | Wer lebt hier?

........................................

........................................

........................................

........................................

**Autonom**

**1. Complète avec la préposition et la terminaison qui conviennent.**

unter – in/im

a. Der Vogtsbauernhof liegt ........... Schwarzwald.

b. Der Bauer wohnt mit seiner Familie ........... Bauernhof.

c. Drei Generationen leben .................................... ein........... Dach.

d. ................. d................. Stube ist die ganze Familie zusammen.

**2. Relie chaque adjectif à son contraire.**

| | |
|---|---|
| warm • | • neu |
| dunkel • | • klein |
| alt • | • hell |
| groß • | • kalt |

**3. Où fait-on tout cela ? Réponds en utilisant un locatif. (Plusieurs réponses sont parfois possibles.)**

**Exemple :** *Schlafen? Im Schlafzimmer!*

a. Kuchen backen? ..........................................................................................

b. Duschen? ..........................................................................................

c. Fernsehen? ..........................................................................................

d. Musik machen? ..........................................................................................

e. Grillen? ..........................................................................................

f. Am Computer spielen? ..........................................................................................

# Sprechprobe

Track 2

**1. a. Écoute et entraîne-toi à prononcer les mots et expressions suivants.**

wer – wohnt – Vogel – Haus – Klaus – Maus – in diesem Haus wohnt – Quatsch

**b. Écoute et entraîne-toi à dire les phrases suivantes.**

In diesem Haus wohnt eine Maus.
In diesem Haus wohnt Klaus.

Track 3

**2. [f] ou [v] ? Écoute et coche le son que tu reconnais.**

| son entendu | 1 | 2 | 3 | 4 | 5 | 6 | 7 | 8 | 9 | 10 | 11 | 12 |
|---|---|---|---|---|---|---|---|---|---|---|---|---|
| [f] | ❑ | ❑ | ❑ | ❑ | ❑ | ❑ | ❑ | ❑ | ❑ | ❑ | ❑ | ❑ |
| [v] | ❑ | ❑ | ❑ | ❑ | ❑ | ❑ | ❑ | ❑ | ❑ | ❑ | ❑ | ❑ |

Track 4

**3. Écoute et complète le mot avec [au] ou [oː].**

**a.** H..........s
**b.** w..........hnen
**c.** M..........s
**d.** r..........t
**e.** bl..........
**f.** ..........bst
**g.** k..........fen
**h.** Br..........t
**i.** r..........sa
**j.** V..........gel
**k.** Kl..........s

## Grammatik

**1. Complète les phrases avec la préposition qui convient.**

auf – in/im

**a.** Wir wohnen .......... zweiten Stock.

**b.** Nicole macht ihre Hausaufgaben .......... ihrem Zimmer.

**c.** Er liest gern .......... seinem Bett.

d. Das Klavier steht ........... Wohnzimmer.

e. Die Katze schläft ........... dem Sessel.

f. Wir essen ........... der Küche.

**2. Forme des phrases cohérentes avec les éléments ci-dessous.
N'oublie pas de conjuguer les verbes.**

| | | | |
|---|---|---|---|
| der Fernseher<br>die Bibliothek<br>das Klavier<br>die Kuckucksuhr<br>der Computer<br>das Bett<br>das Sofa<br>der Sessel<br>der Schreibtisch | an der/dem<br>auf der/dem<br>in der/dem | Flur<br>Wohnzimmer<br>Zimmer<br>Küche<br>Bad<br>Esszimmer<br>Garten<br>Schlafzimmer | stehen<br>liegen<br>hängen |

..........................................................................................................

..........................................................................................................

..........................................................................................................

..........................................................................................................

**3. Imagine la chambre idéale. Que souhaiterais-tu avoir ? Réponds en utilisant « *möchte* ».**

..........................................................................................................

..........................................................................................................

..........................................................................................................

..........................................................................................................

..........................................................................................................

..........................................................................................................

## Wortschatz

**1. De quels objets s'agit-il ? Écris les noms avec leur déterminant.**

**2. Devine quels mots composés sont représentés ci-dessous et écris-les sans oublier leur déterminant.**

+

→

+

→

Mit dem Buch

## Bei Freunden ▸ Buch, S. 118-119

# 1 Sofians Tag

Schritt 1 **Sieh dir die Bildgeschichte an. Erzähle, was Sofian macht.**

zur Schule fahren – auf/wachen und auf/stehen – nach Hause fahren – frühstücken – in der Schule sein – sich an/ziehen – zu Abend essen – duschen – trainieren – schlafen – zu Mittag essen – Hausaufgaben machen

1

Sofian wacht auf.

Dann steht er auf.

2

3

4

5

6

7

8

9

10

11

12

Schritt 2 **Sieh dir das Video mit Sofian an. Was erfährst du noch über seinen Tag? Mache dir Notizen zu seinem Tagesablauf: Uhrzeiten, Aktivitäten… Wann?**

.............................................................................................................

.............................................................................................................

.............................................................................................................

## 2 Ein typischer Tag im Leben von Hannah und Lennart

Schritt 1 **Lies Text A und notiere die Informationen. Was macht Hannah wann?**

**6 Uhr 30** ..........................................................

..........................................................

..........................................................

**7 Uhr 15** ..........................................................

**8 Uhr** ..........................................................

**13 Uhr 20** ..........................................................

..........................................................

..........................................................

..........................................................

**18 Uhr 30** ..........................................................

..........................................................

## Und jetzt…

**Erzähle von einem typischen Tag für dich.**

**a. Mach einen Plan. Notiere die Uhrzeiten und deine Aktivitäten.**

– ... Uhr: aufstehen
–
–
–
–
–
–

**b. Schreib nun deinen Text.**

**Autonom**

**1. Retrouve les moments de la journée et remets-les dans l'ordre chronologique.**

GENMOR | BENDA | TAGMIT | MITVORTAG | ACHTN | TAGNACHMIT

der ..........................................

der ..........................................

der ..........................................

der ..........................................

die ..........................................

der ..........................................

**2. Associe les expressions suivantes aux différents moments de la journée.**

in der Kantine essen – schlafen – frühstücken – nach Hause fahren – Hausaufgaben machen – spielen – lesen – zum Training gehen – fernsehen – in der Schule sein – Abendbrot essen

Am Morgen ......................................................

Vormittags ......................................................

Zu Mittag ......................................................

Am Nachmittag ......................................................

Abends ......................................................

Nachts ......................................................

Track 1

**3. Écoute et note l'horaire que tu entends.**

a. ................................ e. ................................

b. ................................ f. ................................

c. ................................ g. ................................

d. ................................ h. ................................

Track 2

**4. Écoute le témoignage de Marion et note les horaires qu'elle indique.**

– aufstehen: ................................

– Busabfahrt: ................................

– Schule: 1. ................................ 2. ................................

– Mittagessen: ................................

– Hausaufgaben: ................................

– Tennis: ................................

– Abendessen: ................................

– schlafen: ................................

**5. Forme des phrases cohérentes avec les éléments ci-dessous et raconte la journée de Tom.**

a. um 7 Uhr aufstehen

......................................................................................................

b. um 8 Uhr anfangen

......................................................................................................

c. ein T-Shirt und eine Jeans anziehen

..........................................................................................................

d. einen Freund anrufen

..........................................................................................................

e. abends fernsehen

..........................................................................................................

**Mit dem Buch**

**Bei Freunden** ▸ Buch, S. 120-121

## 3 Was steht heute auf dem Stundenplan?

**Schritt 1 Sieh dir den Stundenplan an. Welche Informationen bekommst du über:**

a. den Beginn des Schultags: ..........................................................................

b. die Fächer (Namen, Zahl…): ..........................................................................

..........................................................................................................

..........................................................................................................

..........................................................................................................

c. die Stunden: ..........................................................................

d. die Pausen: ..........................................................................

**Schritt 2 Sieh dir das Interview mit Violette an. Was sagt sie über ihren Stundenplan? Mach dir Notizen zu diesen Punkten:**

**a. die Organisation der Woche**

Schultage: ..........................................................................

Schulstunden: ..........................................................................

die Gruppen: ..........................................................................

**b.** die Fächer, die sie mag 🙂 oder nicht mag 🙁

🙂 ..........................................................................................

🙁 ..........................................................................................

Schritt 3 **Schreib deinen Stundenplan auf Deutsch.**

**Stundenplan**

| Zeit | Montag | Dienstag | Mittwoch | Donnerstag | Freitag |
|---|---|---|---|---|---|
| | | | | | |
| | | | | | |
| | | | | | |
| | | | | | |
| | | | | | |
| | | | | | |
| | | | | | |
| | | | | | |
| | | | | | |

## Und jetzt...

**Vergleiche deinen Stundenplan mit dem Stundenplan der 7b.**

**Mein Stundenplan...**

Stunden: ..........................................................................................

..........................................................................................

Fächer: ..........................................................................................

..........................................................................................

Pausen: ..........................................................................................

..........................................................................................

**Der Stundenplan der 7b**

Stunden: ..........................................................................................

..........................................................................................

Fächer: ..........................................................................................

..........................................................................................

Pausen: ..........................................................................................

..........................................................................................

## 4 Lieblingsfächer?

**Sieh dir das Fach-Barometer an und lies die Beiträge der Freunde aus Freiburg. Welche Fächer mögen sie, welche mögen sie nicht so gern, welche gar nicht? Ergänze das Barometer.**

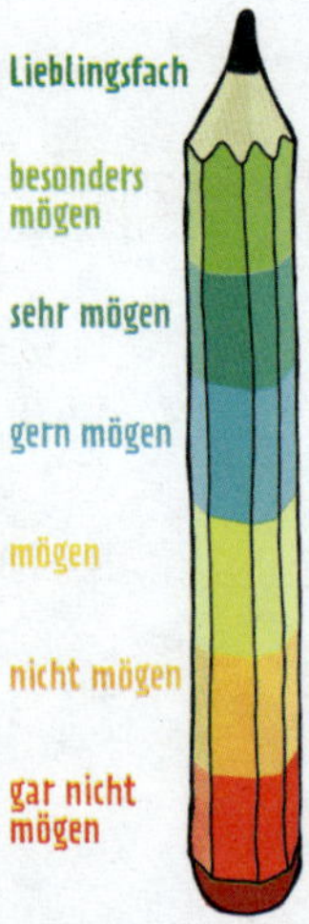


| Sofian | Nicole | Noemi | Nelson |
|---|---|---|---|
| ..................... | ..................... | ..................... | ..................... |
| ..................... | ..................... | ..................... | ..................... |
| ..................... | ..................... | ..................... | ..................... |
| ..................... | ..................... | ..................... | ..................... |
| ..................... | ..................... | ..................... | ..................... |
| ..................... | ..................... | ..................... | ..................... |
| ..................... | ..................... | ..................... | ..................... |

## Und jetzt...

**Ergänze dein „Fach-Barometer" und schreib deinen kleinen Text zum Thema „Schulfächer".**

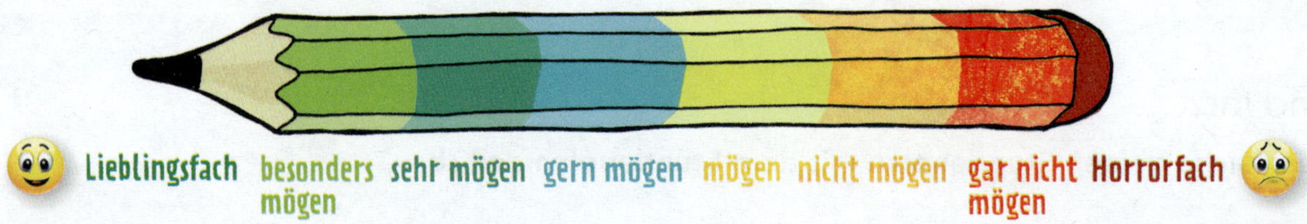


..............................................................................................................

Mein Lieblingsfach .......................................................................................... .

Ich mag .......................................................................................................... .

Ich mag nicht so gern ...................................................................................... .

Ich mag ............................................................................................ gar nicht!

## Autonom

Track 3

**1. Entraîne-toi à prononcer les mots suivants.**

Mathematik – Sport – Musik – Kunst – Französisch – Deutsch – Englisch – Geografie – Erdkunde – Geschichte – Politik – Philosophie – Physik

**2. Écris le nom des matières.**

.............................................................

.............................................................

.............................................................

.............................................................

.............................................................

.............................................................

.............................................................

.............................................................

.............................................................

.............................................................

.............................................................

.............................................................

**3. Commente ton emploi du temps à l'aide des éléments ci-dessous.**

**Exemple :** *Mo. 1. Std. → Am Montag in der ersten Stunde haben wir…*

Mo 2. Std. .............................................................

Di 6. Std. .............................................................

Mi 5. Std. .............................................................

Fr 3. Std. .............................................................

Do 4. Std. .............................................................

Bilanz

**Que dit Violette de l'école? Fais-en le compte-rendu.**

........................................................................

........................................................................

........................................................................

**Mit dem Buch**

**Unterwegs** ▸ Buch, S. 122-123

## 1 Das DFG: eine besondere Schule

**Schritt 1 Sieh dir noch einmal die Seiten 12-13 und das Video „Unterwegs im Deutsch-Französischen Gymnasium (1)" an und fasse die Informationen zusammen.**

........................................................................

........................................................................

........................................................................

........................................................................

**Schritt 2 Bildet drei Gruppen. Jede Gruppe liest einen Text (A, B oder C) und notiert die Informationen.**

**Gruppenarbeit**

Meine Gruppe:

........................................................................

Das Dokument:

........................................................................

Wir suchen Informationen über:

........................................................................

Unsere Informationen:

................................................................................

................................................................................

................................................................................

................................................................................

................................................................................

................................................................................

## 2 Dynamisch und mit vielen Projekten!

**Sieh dir jetzt das Video „Unterwegs im DFG (2)" an. Wen erkennst du? Was sagen diese Personen über das DFG? Ergänze deine Notizen zu den Aktivitäten und Projekten.**

................................................................................

................................................................................

................................................................................

**Die Gruppen präsentieren ihre Arbeit. Notiert die Informationen der anderen Gruppen:**

Thema: ................................................................................

Informationen: ................................................................................

................................................................................

................................................................................

Thema: ................................................................................

Informationen: ................................................................................

................................................................................

................................................................................

## Autonom

**1. Trouve le complément et le verbe qui vont ensemble.**

| | |
|---|---|
| Geld • | • neu streichen |
| Kuchen • | • schicken |
| Briefe • | • verkaufen |
| die Wände • | • proben |
| Geschenke • | • sammeln |
| für das Schulkonzert • | • mitmachen |
| bei einer Aktion • | • engagieren |
| sich für Hilfsprojekte • | • schreiben |

**2. Forme une phrase cohérente avec chacune des expressions ci-dessus.**

TIPP Denke auch an: die Freunde / die Lehrer / die Clique / viele Menschen

a. Die Schüler der 7b verkaufen heute Kuchen.

b. ..................

c. ..................

d. ..................

e. ..................

f. ..................

g. ..................

h. ..................

## Sprechprobe

Track 4

**1. Écoute et entraîne-toi à prononcer les mots suivants.**

Aha! – Oho! – Ahaaa!
Ach! – das Fach – mein Lieblingsfach
lieben – liebe – ihr
Zahlen – malen

Track 5

**2. Écoute et coche le son que tu reconnais.**

| son entendu | 1 | 2 | 3 | 4 | 5 | 6 | 7 | 8 | 9 | 10 |
|---|---|---|---|---|---|---|---|---|---|---|
| [χ] (ach-Laut) | ❑ | ❑ | ❑ | ❑ | ❑ | ❑ | ❑ | ❑ | ❑ | ❑ |
| [ç] (Ich-Laut) | ❑ | ❑ | ❑ | ❑ | ❑ | ❑ | ❑ | ❑ | ❑ | ❑ |

## Grammatik

**1. Complète les phrases ci-dessous avec l'un des verbes à préverbe séparable que tu as appris.**

stattfinden – mitmachen – aufstehen – anziehen – fernsehen

a. Morgens .................................. ich früh ............ .

b. Zuerst dusche ich, dann .................................. ich mich ............ .

c. Das Schulkonzert .................................. dieses Jahr im Mai ............ .

d. Abends .................................. ich manchmal mit meinen Eltern ............ .

e. Wir .................................. dieses Jahr im Chor ............ .

**2. *Denn* ou *aber* ? Complète avec la conjonction de coordination qui convient.**

a. Ich mag Geschichte, ...................... ich interessiere mich für die Antike.

b. Ich finde Kunst interessant, ...................... Musik finde ich langweilig.

c. Ich mag Sport, ...................... ich bin nicht sportlich.

d. Ich bin in der Theater-AG,...................... ich spiele sehr gern Theater.

## Wortschatz

**1. Voici ce que dit un élève de la classe. Que disent plusieurs élèves ?**

a. Ich mag meine Schule.

Wir mögen unsere Schule.

b. Herr Schillmöller ist mein Musiklehrer.

..................................................................................................

..................................................................................................

c. Meine Klasse hat ein Patenkind in Afrika.

..................................................................................................

..................................................................................................

d. Ich schicke meinem Patenkind Geschenke.

..................................................................................................

..................................................................................................

e. Mein Projekt macht echt Spaβ!

..................................................................................................

**2. Retrouve les verbes puis utilise chacun de ces mots dans une phrase.**

| | |
|---|---|
| auf<br>an<br>fern | sehen<br>stehen<br>ziehen |

..................................................................................................

..................................................................................................

..................................................................................................

**3.** **Forme un maximum de mots composés à partir des éléments ci-dessous et écris-les avec le déterminant qui convient.**

Beispiel: Abend + Brot = das Abendbrot

Abend | Haus | Lehrer | Klassen | Aufgaben | Plan | Musik | Brot | Sport | Stunde(n) | Pausen | Deutsch | Buch

..............................................................................................................

..............................................................................................................

..............................................................................................................

**4.** **Remets de l'ordre dans cette folle journée !**

Um sechs Uhr gehe ich in die Schule. Ich frühstücke im Badezimmer. Dann packe ich meine Kleider und dusche in der Küche. Danach putze ich den Bus und stehe auf…

..............................................................................................................

..............................................................................................................

..............................................................................................................

..............................................................................................................

..............................................................................................................

..............................................................................................................

## Mit dem Buch

### Bei Freunden ▸ Buch, S. 132-133

## 1 So ist Freiburg.

**Lies die Sprechblasen. Sammle Vokabeln zu diesen verschiedenen Themen (Nomen, Adjektive, Verben...):**

a. Natur und Klima: ..................................................................................................

..........................................................................................................................

b. Innenstadt: ..........................................................................................................

c. Sehenswürdigkeiten: .............................................................................................

**Wer sagt etwas zu welchem Thema?**

.................................................... sprechen über das Thema ................................................ .

.................................................... sprechen über das Thema ................................................ .

.................................................... spricht über das Thema ................................................ .

## A Freiburg ist grün. ▸ Buch, S. 133

Schritt 1 **Lies die Titel der Zeitungen. Was erfährst du über das Klima und die Natur in Freiburg? Notiere die Informationen.**

**Klima:** a. ..........................................................................................................

b. ..........................................................................................................

c. ..........................................................................................................

**Natur:** a. ..........................................................................................................

b. ..........................................................................................................

Schritt 2 **Sieh dir jetzt die Fotos an und lies die Texte. Was erfährst du noch über das „grüne Freiburg"? Notiere Informationen zu folgenden Punkten:**

**die Seen**

**die Radwege**

**die Häuser**

## Mit dem Buch

### Bei Freunden ▸ Buch, S. 134-135

### B Freiburg ist attraktiv. ▸ Buch, S. 134

**Schritt 2 Sieh dir jetzt die Fotos an. Lies die Texte. Was erfährst du noch über die Freiburger Fußgängerzone und ihre Geschäfte?**

1. Einkaufen: ..............................................................................................

..............................................................................................

..............................................................................................

Essen: ..............................................................................................

..............................................................................................

..............................................................................................

2. Die Alte Markthalle: ..............................................................................................

..............................................................................................

3. Geschäft: ..............................................................................................

Besitzer*: ..............................................................................................

Neue Eissorten: ..............................................................................................

* der Besitzer: *le propriétaire*

## C Freiburg ist sehenswert. ▸ Buch, S. 135

**Lies die Texte und sieh dir die Fotos an. Was erfährst du noch zum Thema „Freiburg ist sehenswert"?**

Turm: ..............................................................................

Bau: ..............................................................................

Stil: ..............................................................................

Ort: ..............................................................................

Farbe: ..............................................................................

Alter: ..............................................................................

Funktion: ..............................................................................

Seit wann? ..............................................................................

Lustig und erfrischend: ..............................................................................

..............................................................................

Zahl: ..................................................

Namen: ..............................................................................

..............................................................................

Alter: 1. ........................................ 2. ........................................

3. ..............................................................................

Ingenieur und Architekt: ..............................................................................

## 2 Ich ❤ Freiburg!

**Sieh dir das Video mit den Freiburgern an. Was mögen sie an ihrer Stadt? Mache dir Notizen.**

## Autonom

**1. De quelles activités s'agit-il ? Légende les photos.**

.................................................. ..................................................

**2.** ***Freiburg*** **a beaucoup de points forts ! Complète avec la terminaison qui convient.**

a. Freiburg ist ein........... grün........... Stadt.

b. Hier kann man schön........... Radtouren machen.

c. Dieses Haus hat ein........... bunt........... Fassade und ein........... schön........... Garten.

d. An der Dreisam gibt es ein........... beliebt........... Radweg.

e. In und um Freiburg gibt es viel........... Radwege!

**3. Que pourrait dire un habitant de** ***Freiburg*** **qui aime sa ville ? Complète avec le superlatif des adjectifs suivants.**

warm – grün – schön – groß

a. Freiburg ist die ...................... Stadt Deutschlands. Besichtigen Sie das Stadtteil Vauban!

b. Ich wohne seit 32 Jahren hier. Für mich ist Freiburg die .......................... Stadt der Welt!

c. 30 Grad im Sommer! Freiburg ist sicher die .................... Stadt Deutschlands!

d. In Freiburg gibt es das .................. Tiergehege in Baden-Württemberg: den Mundenhof!

**4. Réponds aux questions ci-dessous en utilisant un complément de lieu.**

Wo kann man... ein Buch kaufen? ..................................................

ein Medikament kaufen? ..................................................

Brot und Brötchen kaufen? ..................................................

Kuchen kaufen? ..................................................

ein Eis kaufen? ..................................................

**5.** **Que peut-on faire à *Freiburg* ? Associe les compléments et les verbes qui vont ensemble.**

| | |
|---|---|
| ein Eis • | • fahren |
| einen Film • | • gehen |
| ins Kino • | • essen |
| ein Buch • | • machen |
| das Münster • | • sehen |
| an der Dreisam • | • besichtigen |
| einen Stadtbummel • | • kaufen |

**Mit dem Buch**

**Unterwegs** ▸ Buch, S. 136-137

## 1 Infos zu Freiburg

Freiburg liegt in ..................................................
..........................................................................

Freiburg hat ................................ Einwohner.

Der Fluss heißt ............................................ .

## 2 Stadtbummel

**Sieh dir nun den zweiten Teil der Reportage an. Markiere den Weg auf dem Stadtplan.**

## Autonom

**1.** « ***Freiburg-Quiz*** » ! **Réponds aux questions.**

a. Wie viele Einwohner hat Freiburg? ..............................

b. In welchem Land liegt Freiburg? ..............................

c. Welcher Fluss fließt durch die Stadt? ..............................

d. Welches exotische Tier lebt in diesem Fluss? ..............................

e. Welche Farbe hat das Historische Kaufhaus? ..............................

f. Was ist das Wahrzeichen Freiburgs? ..............................

g. Seit wann existieren die Bächle? ..............................

Track 1

**2. Écoute et repère l'accent de mot.**

Innenstadt – Stadtzentrum – Stadtpark – Kindertheater – Spielplatz – Stadtbummel

Track 2

**3. *Zum Thema Freiburg.* Écoute le témoignage de Sebastian et relève les informations sur les points suivants :**

– seit wann wohnt Sebastian in Freiburg?
– was mag er?
– was sagt er zum Haus seiner Freundin?

..........

..........

..........

..........

..........

## Bilanz

**Qu'as-tu appris sur *Freiburg* ? Rédige un petit texte.**
(Geografische Lage, Klima, Einwohnerzahl, Fluss, Sehenswürdigkeiten, Aktivitäten, Besonderheiten…)

..........

..........

..........

..........

..........

..........

..........

..........

..........

..........

..........

## Sprechprobe

Track 3

**1. a. Écoute et entraîne-toi à prononcer les mots suivants.**

Stadt – Stress – Straße – Spaß

**b. Écoute et entraîne-toi à prononcer ces expressions.**

… so viel Stress…
… so viele Straßen…

Track 4

**2. Écoute et coche le son que tu entends.**

| son entendu | 1 | 2 | 3 | 4 | 5 | 6 | 7 |
|---|---|---|---|---|---|---|---|
| [st] | ❑ | ❑ | ❑ | ❑ | ❑ | ❑ | ❑ |
| [ʃt] | ❑ | ❑ | ❑ | ❑ | ❑ | ❑ | ❑ |

## Grammatik

**1. Que pensent ces jeunes de leur ville ? Forme des phrases déclaratives à l'aide des éléments ci-dessous.**

Ich mag an meiner Stadt, dass …

sie / grün sein
man / einen schönen Stadtbummel machen können
es / interessante Museen geben

Tom: „ ........................................................................................................ “

Lisa: „ ........................................................................................................ “

Sonja: „ ...................................................................................................... “

**2.** **Où peut-on acheter quels produits ? Associe le produit au lieu. Complète ensuite avec les marques qui conviennent. Puis forme des phrases suivant le modèle.**

**Exemple :** *Im Buchladen / interessante Romane*
→ *Im Buchladen kann man interessante Romane kaufen.*

| | |
|---|---|
| In der Konditorei • | • ein... groß... Eis |
| Auf dem Markt • | • ein... lecker... Kuchen |
| In der Eisdiele • | • frisch... Blumen |
| Im Kaufhaus • | • ein... toll... Pulli |

..........................................................................................

..........................................................................................

..........................................................................................

..........................................................................................

**3.** **Complète avec les adjectifs qualificatifs au superlatif.**

grün – groß – lang

**a.** Berlin ist die .............................................. Stadt Deutschlands.

**b.** Freiburg ist eine der .............................................. Städte Deutschlands.

**c.** Der Rhein ist der .............................................. Fluss Deutschlands.

## Wortschatz

**1. Forme des mots à partir de « *Stadt* ». Tu peux t'aider en lisant les mots français.**

le centre-ville

la vieille ville

la grande ville — **Stadt** — la capitale

le plan de la ville

........................................

........................................

........................................

........................................

........................................

**2. Une multitude de mots composés… Retrouve les éléments qui vont ensemble et écris-les ci-dessous en ajoutant l'article et le pluriel.**

| | |
|---|---|
| Mode | bummel |
| Fußgänger | museum |
| Buch | tor |
| Kunst | diele |
| Innen | boutique |
| Eis | weg |
| Stadt | zeichen |
| Rad | zone |
| Stadt | laden |
| Kauf | stadt |
| Wahr | haus |

**masculin**

........................................

........................................

........................................

**neutre**

........................................

........................................

........................................

........................................

**féminin**

die Modeboutique(n)

........................................

........................................

........................................

# Grammatik-Übersicht
Précis grammatical

## Le groupe nominal

### 1. Les fonctions du groupe nominal

Un groupe nominal (GN) peut avoir différentes fonctions dans une phrase. Pour exprimer ces différentes fonctions, l'allemand utilise quatre « cas » :

- Le **nominatif** est le cas du sujet et de l'attribut du sujet.
- L'**accusatif** (qui se rapproche en français du COD) est exigé par un grand nombre de verbes (comme **sehen** ou **fragen**) ou de prépositions (toujours avec **für**, **gegen**…, et avec **in**, **auf**… dans des compléments au directif).
- Le **datif** (qui se rapproche en français du COI/COS) est exigé par certains verbes (comme **helfen**, **danken**) et après certaines prépositions (toujours avec **mit**, **zu**, **nach**… et avec **in**, **auf**… dans des compléments au locatif).
- Le **génitif** est le cas du complément du nom et permet d'exprimer l'appartenance.

### 2. Le nom

#### a. Le genre

Un nom peut être masculin, féminin ou neutre.
C'est le déterminant qui porte la marque du genre :

**Activité 1**

| | |
|---|---|
| le **masculin** | der Schüler |
| le **neutre** | das Mäppchen |
| le **féminin** | die Schülerin |

Note ici des exemples de noms masculins, féminins et neutres que tu as rencontrés.

........................................

........................................

........................................

........................................

........................................

### b. Le nombre

Au pluriel défini, le déterminant est le même pour les trois genres : **die**.
Le nom porte une marque, par exemple **-e**, ou **-n**.

der Hund → **die** Hunde
die Katze → **die** Katzen

↪ Il faut apprendre systématiquement un nom avec son déterminant et son pluriel.

**Activité 2** Das kannst du!

Écris en toutes lettres les pluriels des mots ci-dessous.
N'oublie pas d'indiquer le déterminant.

der Buntstift(e) ..........

das Buch(¨er) ..........

das Heft(e) ..........

die Aufgabe(n) ..........

der Kuli(s) ..........

### c. Les noms composés

Les noms composés sont très courants en allemand. C'est le dernier mot qui détermine le genre et le nombre du nom entier, le (ou les) mot(s) qui précède(nt) apporte(nt) une précision.

| | |
|---|---|
| der Deutschlehrer | le professeur d'allemand |
| das Jugendhaus | la maison des jeunes |
| die Schulbibliothek | la bibliothèque de l'école |

Activité 3

Das kannst du!

Note ici des exemples de mots composés que tu as rencontrés et écris leur traduction. N'oublie pas d'indiquer leur genre et leur pluriel.

| | |
|---|---|
| ........................................ | ........................................ |
| ........................................ | ........................................ |
| ........................................ | ........................................ |
| ........................................ | ........................................ |
| ........................................ | ........................................ |
| ........................................ | ........................................ |

## 1. Les déterminants

Un déterminant s'accorde avec le nom qu'il accompagne : il change de marque selon le genre et le nombre de ce nom, et aussi selon le cas, c'est-à-dire selon la fonction de ce nom dans la phrase. On dit alors qu'il se « décline ».

Le déterminant peut être :

**a. L'article défini : der, das, die - die**

| | masculin | neutre | féminin | pluriel |
|---|---|---|---|---|
| nominatif | der Hund | das Kaninchen | die Katze | die Hunde |
| accusatif | den Hund | das Kaninchen | die Katze | die Hunde |
| datif | dem Hund | dem Kaninchen | der Katze | den Hunden |

**b. L'article indéfini : ein, ein, eine - Ø**

| | masculin | neutre | féminin | pluriel |
|---|---|---|---|---|
| nominatif | ein Hund | ein Kaninchen | eine Katze | Hunde |
| accusatif | einen Hund | ein Kaninchen | eine Katze | Hunde |
| datif | einem Hund | einem Kaninchen | einer Katze | Hunden |

## Activité 4

### Schaffst du das?

Choisis une des questions proposées (A ou B) et réponds-y en rédigeant un petit texte. Utilise le verbe *haben* et des compléments à l'accusatif (au moins 20 mots).

A. Hast du Haustiere? Möchtest du ein Haustier haben?

B. Was hast du in deinem Zimmer? Was möchtest du haben?

.................................................................................................................................

.................................................................................................................................

.................................................................................................................................

.................................................................................................................................

.................................................................................................................................

.................................................................................................................................

.................................................................................................................................

### As-tu accompli ta mission ? Relis ton texte et vérifie…

| | |
|---|---|
| J'ai respecté le nombre de mots.<br>Combien ? ........................................ | ❑ |
| J'ai utilisé le verbe *haben* et la forme *möchte* et je les ai bien conjugués.<br>Écris-les ici avec leurs sujets :<br>..........................................................................................<br>.......................................................................................... | ❑ |
| J'ai fait attention aux compléments à l'accusatif.<br>Note-les ici : ..........................................................................<br>.......................................................................................... | ❑ |

### c. Le déterminant possessif

| Pronom | Déterminant possessif |
|---|---|
| ich → | mein- |
| du → | dein- |
| er/es → | sein- |
| sie → | ihr- |
| wir → | unser- |
| ihr → | euer-/eur- |
| sie → | ihr- |
| Sie → | Ihr |

Les déterminants possessifs se déclinent au singulier comme l'article indéfini **ein**-.

| | masculin | neutre | féminin | pluriel |
|---|---|---|---|---|
| nominatif | mein Hund | mein Kaninchen | meine Katze | meine Hunde |
| accusatif | meinen Hund | mein Kaninchen | meine Katze | meine Hunde |
| datif | meinem Hund | meinem Kaninchen | meiner Katze | meinen Hunden |

Ich habe einen Bruder und eine Schwester, **mein** Bruder heißt Tom und **meine** Schwester Lea.
Tom, wie heißt **deine** Schwester?

→ **À la 3^e^ personne du singulier, il existe deux déterminants possessifs : sein- et ihr-.**
**sein-** fait référence à un possesseur masculin et neutre, **ihr-** à un possesseur féminin.

Nelson hat viele Freunde. **Sein** bester Freund heißt Christian.
Noemi hat eine kleine Schwester: **Ihre** Schwester heißt Anaïs.

Tu peux comparer avec l'anglais : **his** brother / **her** sister.

→ **L'appartenance peut s'exprimer également de deux autres façons :**

- avec la **préposition von** : Die Freundin **von** Violette heißt Victoria.
  Christian ist der Freund **von** Nelson.
- avec le **génitif saxon** (marque **-s** ou simple apostrophe pour les noms déjà terminés pas un **-s** ou un **-x**): Nicoles Schwester heißt Martina.
  Leonie ist Max' Freundin.

Activité 5

Schaffst du das?

Présente ta famille en utilisant 10 déterminants possessifs : 5 à la première personne, 5 à la troisième personne (30 mots minimum).

.................................................................................................................................

.................................................................................................................................

.................................................................................................................................

.................................................................................................................................

.................................................................................................................................

.................................................................................................................................

**As-tu accompli ta mission ? Relis ton texte et vérifie…**

| | |
|---|---|
| J'ai utilisé 5 déterminants possessifs à la première personne.<br>Lesquels ?<br>1. .................... 2. .................... 3. ....................<br>4. .................... 5. ....................<br>J'ai utilisé 5 déterminants possessifs à la 3e personne.<br>Lesquels ?<br>1 .................... 2. .................... 3. ....................<br>4. .................... 5. .................... | ❑ |
| J'ai vérifié leur déclinaison. | ❑ |
| J'ai fait attention au possesseur. | ❑ |
| J'ai respecté le nombre de mots.<br>Combien ? .................... | ❑ |

**Les pronoms personnels : On peut remplacer les noms par des pronoms, par exemple pour éviter des répétitions lorsque le contexte est connu.**

| | Singulier | | | | | Pluriel | | | Forme de politesse |
|---|---|---|---|---|---|---|---|---|---|
| | 1re pers. | 2e pers. | 3e pers. masc. | 3e pers. neutre | 3e pers. fém. | 1re pers. | 2e pers. | 3e pers. | |
| nominatif | ich | du | er | es | sie | wir | ihr | sie | Sie |
| accusatif | mich | dich | ihn | es | sie | uns | euch | sie | Sie |
| datif | mir | dir | ihm | ihm | ihr | uns | euch | ihnen | Ihnen |

Ich habe **einen Hamster**. **Er** heißt Lotti. Ich habe **ihn** gern.
Ich habe **ein Kaninchen**. **Es** heißt Flocke. Ich liebe **es**.
Ich habe **eine Katze**, Lola. **Sie** ist 2 Jahre alt. Ich finde **sie** lieb.
Wir haben zwei **Vögel**. **Sie** heißen King Kong und Snoopy. Ich finde **sie** sehr schön.

## 5. Les adjectifs : qualifier un groupe nominal

**a. L'adjectif attribut est toujours invariable.**

Meine Katze ist **süß**.
Meine Katzen sind **süß**.

**b. L'adjectif épithète est toujours placé avant le nom qu'il qualifie. Il porte la marque en cas d'absence de déterminant ou lorsque celui ne peut recevoir la marque. Dans les autres cas, il porte la désinence -e ou -en.**

D**er** klein**e** Hund? Das ist Svens Hund!
Ein braun**er** Hund? Das ist Marias Hund!

Ich mag de**n** rot**en** Teppich.
Er hat eine**n** rot**en** Teppich.

| | masculin | neutre | féminin | pluriel |
|---|---|---|---|---|
| nominatif | der kleine Hund<br>ein kleiner Hund | das kleine Tier<br>ein kleines Tier | die graue Katze<br>eine graue Katze | die kleinen Hunde<br>kleine Hunde |
| accusatif | den kleinen Hund<br>einen kleinen Hund | das kleine Tier<br>ein kleines Tier | die graue Katze<br>eine graue Katze | die kleinen Hunde<br>kleine Hunde |

# Le groupe verbal

## 1. Les différents types de verbes au présent de l'indicatif

### a. Le verbe sein et le verbe haben

Wie alt **bist** du? Ich **bin** 12.
Was für ein Tier hast du? Ich **habe** eine Katze.

| | sein | haben |
|---|---|---|
| ich | bin | habe |
| du | bist | hast |
| er/es/sie/man | ist | hat |
| wir | sind | haben |
| ihr | seid | habt |
| sie/Sie | sind | haben |

### b. Les verbes faibles

| | wohnen |
|---|---|
| ich | wohne |
| du | wohnst |
| er/es/sie | wohnt |
| wir | wohnen |
| ihr | wohnt |
| sie/Sie | wohnen |

### c. Les verbes forts avec changement de voyelle

| | fahren | helfen | lesen |
|---|---|---|---|
| ich | fahre | helfe | lese |
| du | fährst | hilfst | liest |
| er/es/sie | fährt | hilft | liest |
| wir | fahren | helfen | lesen |
| ihr | fahrt | helft | lest |
| sie/Sie | fahren | helfen | lesen |

| marques |
|---|
| e |
| st |
| t |
| en |
| t |
| en |

### d. Les verbes à préverbe séparable

Certains verbes sont formés d'une base verbale et d'un préverbe séparable :

**auf**stehen → Ich stehe um 7 Uhr **auf**.
**fern**sehen → Er sieht **fern**.

### e. Les verbes de modalité

Dire…
– ce que l'on aime avec le verbe **mögen**,
– ce que l'on veut faire avec le verbe **wollen**,
– ce que l'on est obligé de faire avec le verbe **müssen**,
– ce que l'on nous demande de faire avec le verbe **sollen**,
– ce que l'on peut faire ou que l'on est capable de faire avec le verbe **können**,
– ce que l'on a le droit de faire avec le verbe **dürfen**.

| | mögen | wollen | müssen | sollen | können | dürfen |
|---|---|---|---|---|---|---|
| ich | mag | will | muss | soll | kann | darf |
| du | magst | willst | musst | sollst | kannst | darfst |
| er/es/sie | mag | will | muss | soll | kann | darf |
| wir | mögen | wollen | müssen | sollen | können | dürfen |
| ihr | mögt | wollt | müsst | sollt | könnt | dürft |
| sie/Sie | mögen | wollen | müssen | sollen | können | dürfen |

| marques |
|---|
| – |
| st |
| – |
| en |
| t |
| en |

Ich **mag** Tennis. Ich **kann** schon gut spielen.
Ich **will** morgen mit David spielen. Ich **muss** um 4 Uhr bei ihm sein.
Mein Trainer sagt, ich **soll** am Freitag zum Training kommen.
Ich **darf** im Sommer zum Trainingscamp. Das ist toll.

### → Exprimer un souhait avec möchte

La forme verbale **möchte** correspond au subjonctif II du verbe **mögen** et permet d'exprimer un souhait, un désir.

Ich **möchte** Fußball spielen.
**Möchtest** du Cola oder Apfelsaft?

| |
|---|
| ich möchte |
| du möchtest |
| er/es/sie möchte |
| wir möchten |
| ihr möchtet |
| sie/Sie möchten |

## Activité 6

**Schaffst du das?**

Décris le déroulement de ta journée en précisant ce que tu fais, ce que tu es obligé de faire, ce que tu ne peux pas faire et ce que tu aimerais faire. Tu dois utiliser 5 verbes de modalité (minimum 30 mots).

.................................................................................................................................

.................................................................................................................................

.................................................................................................................................

.................................................................................................................................

.................................................................................................................................

.................................................................................................................................

.................................................................................................................................

**As-tu accompli ta mission ? Relis ton texte et vérifie…**

| | |
|---|---|
| J'ai utilisé 5 verbes de modalité.<br>Lesquels ?<br>1. ..................... 2. ..................... 3. .....................<br>4. ..................... 5. ..................... | ❑ |
| J'ai vérifié leur conjugaison. | ❑ |
| J'ai correctement placé le verbe à l'infinitif.<br>Où ? ........................................................................ | ❑ |
| J'ai respecté le nombre de mots.<br>Combien ? ..................... | ❑ |

## 2. Les différents types de phrase

### a. Les déclaratives : le verbe conjugué occupe toujours la 2e place.

| Ich | **habe** | um 9 | Mathe. |
|---|---|---|---|
| sujet | verbe conjugué | complément | complément |

Pour mettre un élément en relief, on le place en tête de phrase. Il ne peut y avoir qu'un seul élément (même composé de plusieurs mots) à cette place. La première place étant occupée, le verbe conjugué étant obligatoirement en 2e place, le sujet se place alors après le verbe.

| Um 9 | **habe** | ich | Mathe. |
|---|---|---|---|
| complément | verbe conjugué | sujet | complément |

### b. Les interrogatives : le verbe occupe la première ou la deuxième place.

Il existe deux types d'interrogatives :

- Dans l'interrogative **partielle**, la question porte sur une **partie** de l'énoncé. Elle est introduite par un pronom interrogatif.

  Wer **ist** das?
  Wie **heißt** du?
  Wie alt **bist** du? Le verbe occupe la 2e place.

  Wo **wohnst** du?
  Wann **kommt** er?

- Dans l'interrogative **globale**, la question porte sur l'énoncé **entier**. On y répond par **Ja** ou **Nein**.

  **Hast** du Geschwister?
  **Wohnt** sie auch in Göttingen? Le verbe occupe la 1re place.

### c. Les subordonnées : le verbe conjugué occupe la dernière place.

La subordonnée complétive introduite par **dass** est séparée de la principale par une virgule.

Ich mag an Freiburg, **dass** die Stadt so grün **ist**.

Dans une subordonnée, le préverbe séparable est attaché à sa base verbale.

Um wie viel Uhr **steht** er **auf**?
Ich glaube, **dass** er um halb acht **aufsteht**.

## Activité 7

**Schaffst du das?**

Écris un courriel à ton correspondant dans lequel tu décris ta journée d'école et tu lui poses des questions. Utilise :
– deux déclaratives avec un complément en 1re place,
– une subordonnée introduite par *dass*,
– deux interrogatives.

..................................................................................................................................

..................................................................................................................................

..................................................................................................................................

..................................................................................................................................

..................................................................................................................................

..................................................................................................................................

**As-tu accompli ta mission ? Relis ton texte et vérifie…**

| | |
|---|---|
| J'ai utilisé deux déclaratives avec un complément en 1re place.<br>Écris-les ici :<br>..................................................................................<br>..................................................................................<br>.................................................................................. | ❑ |
| J'ai utilisé une subordonnée introduite par *dass*.<br>Écris-la ici : .................................................................. | ❑ |
| J'ai utilisé une interrogative.<br>Écris-la ici : .................................................................. | ❑ |
| J'ai vérifié la place du verbe dans ces phrases. | ❑ |
| J'ai respecté le nombre de mots.<br>Combien ? ............................................ | ❑ |

## 3. La coordination

Les conjonctions de coordination permettent de relier deux éléments. Elles n'ont aucune incidence sur la place des éléments dans la phrase.

**a. La conjonction de coordination und permet de relier deux idées :**

Am Montagnachmittag habe ich Fußball, **und** am Abend habe ich Klavier.

**b. La conjonction de coordination aber exprime une opposition par rapport à ce qui a été dit :**

Er möchte zum Eishockey, **aber** er kann nicht.

**c. La conjonction de coordination denn établit un lien de cause :**

Ich bin im Schulchor, **denn** ich mag singen.

**d. La conjonction de coordination oder permet d'exprimer une alternative :**

Wir gehen zum Skatepark **oder** wir spielen Fußball.

## 4. La négation : dire ce que l'on n'a pas ou ce que l'on n'aime pas.

### a. La négation avec le déterminant kein

**Kein-** est un déterminant, il se place avant le nom et s'accorde selon le genre, le nombre et le cas du nom qu'il accompagne.

Ich habe **kein** Haustier.
Ich habe **keine** Geschwister.

**Kein** se décline comme **ein**, mais il a aussi une forme de pluriel.

| | masculin | neutre | féminin | pluriel |
|---|---|---|---|---|
| nominatif | kein Hund | kein Haustier | keine Katze | keine Hunde |
| accusatif | keinen Hund | kein Haustier | keine Katze | keine Hunde |

### b. La négation avec nicht

Cette négation se place par exemple

- avant un groupe prépositionnel : Sie geht **nicht** zum Training.
- avant un adjectif attribut ou un adverbe : Er schläft **nicht** gut.
- après un groupe nominal défini : Er mag diese Rockgruppe **nicht**.

Activité 8

**Schaffst du das?**

Felix n'est jamais content ! Imagine ce qu'il pourrait dire à la cantine… Écris un petit texte d'au moins 30 mots dans lequel tu utiliseras trois fois la négation *nicht* et trois fois la négation *kein-*.

.................................................................................................................................................

.................................................................................................................................................

.................................................................................................................................................

.................................................................................................................................................

.................................................................................................................................................

.................................................................................................................................................

.................................................................................................................................................

.................................................................................................................................................

**As-tu accompli ta mission ? Relis ton texte et vérifie…**

| | |
|---|---|
| J'ai utilisé trois négations *nicht*. | ❑ |
| J'ai utilisé trois négations *kein-*.<br>Écris ici les groupes nominaux :<br>.................................................................................................<br>................................................................................................. | ❑ |
| J'ai vérifié la déclinaison de *kein-*. | ❑ |
| J'ai respecté le nombre de mots.<br>Combien ? ........................................ | ❑ |

# Le groupe prépositionnel

## 1. Dire où l'on est

On utilise le locatif.

**a. avec un nom de pays ou de ville sans article : in**

Ich wohne **in** Freiburg.
Er lebt **in** Deutschland.

**b. avec un nom de pays ou un nom commun avec article : préposition + datif**

Wir feiern **im** Garten.
Ich wohne **in** einem Haus.
Wir wohnen **in** der Schweiz.
Sie wohnt **in** einer Wohnung.

| masculin + neutre | féminin |
|---|---|
| **in** … m | **in** … r |
| in dem/im | |

**c. Une tournure idiomatique : zu Hause**

Ich bin schon **zu Hause**.

## 2. Dire où l'on va

On utilise le directif.

**a. avec un nom de pays ou de ville sans article : nach**

Wir fahren **nach** Deutschland.
Wir fahren **nach** Freiburg gefahren
Ich gehe **nach** Hause.

**b. avec une personne, un lieu : zu + datif**

Ich gehe **zu** meiner Freundin.
Ich gehe **zum** Bäcker.
Ich gehe **zur** Post.

| masculin / neutre | féminin | pluriel |
|---|---|---|
| **zu** … m | **zu** … r | **zu** … n … n |
| **zu dem/zum** | zu der/**zur** | |

**c. avec un nom de pays ou un nom commun avec article : préposition + accusatif**

Ich gehe **in** den Physikraum.
Wir gehen **ins** Schwimmbad.
Ich gehe **in** die Schule.
Ich fahre **in** die Schweiz.

| masculin | neutre | féminin | pluriel |
|---|---|---|---|
| in den | in das<br>ins | in die | in die … |

## 3. Parler de la date, de l'heure, de la saison :

Le complément de temps est introduit par **am**, **im**, **um** ou **zu**.

a. date ou jour : an + datif (**am**) — Ich habe **am** 5. Januar Geburtstag.
b. mois ou saison : in + datif (**im**) — Ich habe **im** Winter Geburtstag.
c. horaire : **um** — **Um** 4 Uhr habe ich Mathe.
d. fête : **zu** + datif — **Zu** Weihnachten kommt er nach Paris.

## 4. Dire avec qui on fait quelque chose : mit + datif

Ich spreche **mit** meinem Bruder.
Ich gehe **mit** meiner Klasse ins Museum.

| masculin/neutre | féminin | pluriel |
|---|---|---|
| mit … m … | mit … r … | mit … n … n |

## Références des images

| | | |
|---|---|---|
| **Couverture** | | David Bart |
| **2** | | Sylwia Nowik - Fotolia.com |
| **23** | | SG-dessin - Fotolia.com |
| **28** | | Olympixel - Fotolia.com |
| **37** | | dJJAVA - Fotolia.com |
| **37** | g | Bernhard; A./dpa Picture Alliance |
| **37** | a | PhotoAlto / Photononstop |
| **37** | b | Naty Strawberry - Fotolia.com |
| **37** | c | Comugnero Silvana - Fotolia.com |
| **37** | f | Claudio - Fotolia.com |
| **37** | h | FoodCollection/age fotostock |
| **37** | i | Luna/stockFood Creative/GettyImages |
| **37** | j | Vasiliy Koval - Fotolia.com |
| **37** | k | HLPhoto - Fotolia.com |
| **37** | l | neo - Fotolia.com |
| **37** | m | Viktor - Fotolia.com |
| **39** | | BLACK ME - Fotolia.com |
| **39** | | niakc10 - Fotolia |
| **39** | | Ogonkova - Fotolia.com |
| **40** | | lil_22 - Fotolia.com |
| **41** | | Dejan Jovanovic - Fotolia.com |
| **43** | | hanaschwarz - Fotolia.com |
| **45** | | SG-dessin - Fotolia.com |
| **46** | | Bernhard; A./dpa Picture Alliance |
| **49** | | gms Schwarzwald Tourismusverband/dpa Picture Alliance |
| **50** | 1 | pgm - Fotolia.com |
| **50** | 2 | ExQuisine - Fotolia.com |
| **50** | 3 | Liv Friis-larsen - Fotolia.com |
| **50** | 4 | trocki - Fotolia.com |
| **50** | 5 | Colinda McKie - Fotolia.com |
| **50** | 6 | M. Studio - Fotolia.com |
| **50** | 7 | superfood - Fotolia.com |
| **50** | 8 | Corrina Gissemann - Fotolia.com |
| **51** | 1 | KVACH - Fotolia.com |
| **51** | 2 | Andreas Meyer - Fotolia.com |
| **51** | 3 | Lotfi Mattou - Fotolia.com |
| **51** | 4 | Eric Isselée - Fotolia.com |
| **51** | 5 | Sergey Tokarev - Fotolia.com |
| **51** | 6 | enens - Fotolia.com |
| **51** | 7 | Oleg Kozlov - Fotolia.com |
| **51** | 8 | Eric Isselée - Fotolia.com |
| **51** | 9 | Photo Ambiance - Fotolia.com |
| **52** | | Dejan Jovanovic - Fotolia.com |
| **53** | bg | Carola Schubbel - Fotolia.com |
| **53** | hg | Eric Isselée - Fotolia.com |
| **53** | mg | Franz Massard - Fotolia.com |
| **54** | bg | Eric Isselée - Fotolia.com |
| **54** | hg | Anatolii - Fotolia.com |
| **54** | hm | Dudarev Mikhail - Fotolia.com |
| **58-59** | | http://www.freiburg.de/pb/,Lde/265917.html |
| **64** | | Brooklin - Fotolia.com |
| **66** | 1 | Jacek Chabraszewski - Fotolia.com |
| **66** | 2 | Image Source / age fotostock |
| **66** | 3 | Kzenon - Fotolia.com |
| **66** | 4 | Anna Omelchenko - Fotolia.com |
| **66** | 5 | Kzenon - Fotolia.com |
| **66** | 6 | Kzenon - Fotolia.com |
| **66** | 7 | Monkey Business - Fotolia.com |
| **66** | 8 | Thomas Brugger - Fotolia.com |
| **66** | 9 | Cultura/Photononstop |
| **67** | | Dejan Jovanovic - Fotolia.com |
| **71** | 1 | oldline2 - Fotolia.com |
| **71** | 2 | Otmar Smit - Fotolia.com |
| **71** | 3 | leroy131 - Fotolia.com |
| **71** | 4 | JonMilnes - Fotolia.com |
| **71** | 5 | Wieselpixx - Fotolia.com |
| **71** | 6 | Yory Frenklakh - Fotolia.com |
| **82** | | SG-dessin - Fotolia.com |
| **93** | 1 | Andrey Bandurenko - Fotolia.com |
| **93** | 10 | Irina Shiyan - Fotolia.com |
| **93** | 11 | fisher-cq.de - Fotolia.com |
| **93** | 2 | liquidImage - Fotolia.com |
| **93** | 4 | Krzysiek - Fotolia.com |
| **93** | 5 | Spectral-Design - Fotolia.com |
| **93** | 6 | emevil - Fotolia.com |
| **93** | 7 | Coprid - Fotolia.com |
| **93** | 8 | Chsherbinin Nikolay - Fotolia.com |
| **93** | 9 | Kayros Studio - Fotolia.com |
| **95** | | «Schwarzwälder Freilichtmuseum Vogtsbauernhof, Gutach» / http://www.vogtsbauernhof.org/ |
| **100** | 1 | Krzysiek - Fotolia.com |
| **100** | 2 | Irina Shiyan - Fotolia.com |
| **100** | 3 | Coprid - Fotolia.com |
| **100** | 4 | emevil - Fotolia.com |
| **100** | 5 | Chsherbinin Nikolay - Fotolia.com |
| **100** | 6 | Kayros Studio - Fotolia.com |
| **102** | | Zothen - Fotolia.com |
| **104** | | Sasajo - Fotolia.com |
| **104** | | Kudryashka - Fotolia.com |
| **107** | | Dejan Jovanovic - Fotolia.com |
| **112** | | SG-dessin - Fotolia.com |
| **117** | b | Joachim Lutz - Fotolia.com |
| **117** | m | Kzenon - Fotolia.com |
| **117** | b | Rolf Haid dpa/lsw/dpa Picture Alliance |
| **118** | bd | © Dominic Rock |
| **120** | bd | Vasiliy Koval - Fotolia.com |
| **120** | bg | Juice Images/age fotostock |
| **120** | bm | Daniel T. Seebacher - Fotolia.com |
| **121** | hd | Christian Schwier - Fotolia.com |
| **121** | hg | oldline2 - Fotolia.com |
| **123** | | Freiburg Wirtschaft Touristik und Messe |

**Toutes les photos des élèves et de Fribourg (sauf Etappe 9) ont été prises par David Bart.**

*Nous avons recherché en vain les auteurs ou les ayants droits de certains documents reproduits dans ce livre. Leurs droits sont réservés aux Éditions Didier.*


**Couverture, maquette intérieure :** Joëlle Parreau

**Mise en page et photomontages :** Gudrun Challe

**Photogravure :** IGS

**Photomontages :** Joëlle Parreau : p. 37, 123

**Illustrations :** Sylvia Bataille : p. 90 - Yomgui Dumont : p. 75, 101 - Solène Ollivier : p. 18, 19, 20, 27, 35, 39, 43, 89, 100, 108, 109

**Responsable d'édition :** Anke Feuchter

**Édition :** Alexandra Prodromides


PAPIER À BASE DE FIBRES RECYCLÉES

éditions didier s'engagent pour l'environnement en réduisant l'empreinte carbone de leurs livres. Celle de cet exemplaire est de :
300 g éq. $CO_2$
Rendez-vous sur www.editionsdidier-durable.fr




ISBN 978-2-278-07689-5

Imprimé en Italie

Achevé d'imprimer en avril 2013 par Grafica Veneta

Dépôt légal : 7689/01